突然感到不舒服

[日] 宫野真生子
[日] 矶野真穗 著

史 诗 译

中信出版集团 | 北京

图书在版编目（CIP）数据

突然感到不舒服 /（日）宫野真生子,（日）矶野真穗著；史诗译. -- 北京：中信出版社, 2025.7.
ISBN 978-7-5217-7640-9
Ⅰ. B086
中国国家版本馆 CIP 数据核字第 2025VQ1170 号

KYU NI GUAI GA WARUKU NARU
by MIYANO Makiko, ISONO Maho
Copyright © 2019 MIYANO Makiko, ISONO Maho
Illustration © FUJIWARA Naoko
All rights reserved.
Originally published in Japan by SHOBUNSHA Co., Ltd., Tokyo.
Chinese (in simplified character only)translation rights arranged with SHOBUNSHA Co., Ltd., Japan through THE SAKAI AGENCY and BARDON CHINESE CREATIVE AGENCY LIMITED.
本书仅限中国大陆地区发行销售

突然感到不舒服
著者：　　［日］宫野真生子　［日］矶野真穗
译者：　　史诗
出版发行：中信出版集团股份有限公司
（北京市朝阳区东三环北路 27 号嘉铭中心　邮编 100020）
承印者：　保定市中画美凯印刷有限公司

开本：880mm×1230mm 1/32　　印张：6.5　　字数：110 千字
版次：2025 年 7 月第 1 版　　　　印次：2025 年 7 月第 1 次印刷
京权图字：01-2025-1904　　　　　书号：ISBN 978-7-5217-7640-9
定价：49.80 元

版权所有·侵权必究
如有印刷、装订问题，本公司负责调换。
服务热线：400-600-8099
投稿邮箱：author@citicpub.com

目录

前　言 / I

1　突然感到不舒服 / 001

2　何事何物照进当下？/ 017

3　四连败与替代医学 / 035

4　周造先生 / 055

5　厄运与巫术 / 073

6　转换与飞跃 / 091

7　无法说出的"请保重" / 107

8　王牌的职责 / 125

9　穿越世界画出的线条 / 135

10　真的，突然感到不舒服 / 153

《突然感到不舒服》的背后故事 / 179

致　谢 / 187

后　记 / 189

参考书目 / 193

宫野真生子

大学本科时代参加戏剧社团，负责剧本排练。由于过度投入社团活动，两年间只拿到了10个学分。大三时察觉到自己在戏剧中思考的问题属于哲学范畴，于是决定踏上哲学之路。众人眼中的美食家，自己也有此自觉，喜欢向别人推荐美食，"在吃上有问题就问宫野"乃是共识。坚信：吃拉面要从选择制作面条的小麦开始。职业棒球广岛东洋鲤鱼队的超级球迷，棒球狂人。看到职业棒球运动员，就习惯性地讲出对方从业余时代开始的经历，经常让其他学者瑟瑟发抖。乍一看冷静严肃，其实充满热情，常被友情和学生的积极性打动，躲起来号啕大哭。研究对象是分析偶然性的哲学家九鬼周造[1]。著有《我们为什么会恋爱》（中西屋出版）、《相遇的间隙》（堀之内出版），另与藤田尚志合编《爱·性·家庭的哲学》（全3卷，中西屋出版）。是本书信集的主人公。原本就具备的耐力和惊人的心理素质弥补了疾病带来的体力不足。尤其是在第八次书信往来中留下了传说：投出的线路恐怖的高速球，让接球的矶野直接被弹飞撞墙，30分钟没能起来（情况属实）。

---

[1] 九鬼周造，生于日本东京，日本著名的哲学研究者。曾留学欧洲多年，先后师从李凯尔特、柏格森、海德格尔等，他是日本最早介绍海德格尔哲学的人之一，"实存"这个概念由他首次翻译。——编者注（除特殊说明编者注之外，本书注释均为译者注。）

大学本科时代专修运动生理学，毕业后前往美国，原本立志成为运动防护师，偶然在留学时接触文化人类学，大受震撼后仅用三天便决定改变专业。始于兴趣的拳击水平不断精进，30岁后取得C级职业拳击手证书。同时也是空手道初段，至今仍然不敢相信自己能在格斗家之路走得如此之远。职业棒球西武狮子队球迷。小时候做过剪贴簿，但自家订阅的是《读卖新闻》，几乎没什么可剪的。研究主题涉及身体、饮食、医疗和不确定性，著有《为何不能正常吃？》（春秋社）、《医生眼里的无解世界》（筑摩新书）、《减肥幻想》（筑摩启蒙新书）。在这部书信集中主要担任提问者，针对不同内容，在投手、捕手、外野手、交战对手和二垒手之间自由变化。具备体力与爆发力，但缺乏耐力和心理素质，到了书信集的后半，每写一封信就要灵魂脱壳一次。直到通信即将结束，才从主人公那里得知自己被选为陪跑者来回答她在病中关于"我是谁"的问题，为此惊讶不已。

矶野真穗

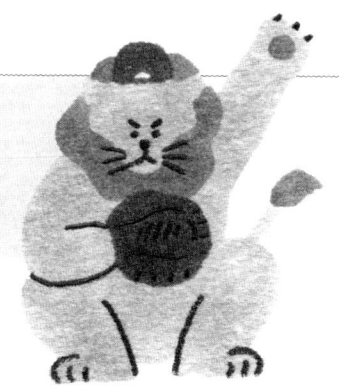

前　言

最初想要尝试这种奇妙的书信往来的，是我——宫野真生子。

本书原本应该包含相当广泛的话题，但是回过神来才发现，它最终成了一部关于生与死的记录，它还包含了与生死之间共同生活之人的相遇。换句话说，本书也是一个直面疾病的哲学研究者在与"灵魂的人类学家"接近过程中生成的话语记录。当然，那些话语绝非仅凭我一人之力就能生成，而是源于陪我前行的矶野女士的倾听与提点。她在不明所以的情况下被卷入了我"突然感到不舒服"的状况之中。即便在我莫名其妙地突然病情恶化、陷入困境时，她也始终陪伴在我左右。

当我提出和矶野女士以聊天的形式进行书信往来时，原本是想围绕该如何看待自己患癌这一问题来进行讨论，并由此进一步扩展，用专业的眼光深入探讨带病生活的不确定性与风险。这是我曾经在学术上的野心。

因此，在本书的前半部分，我们在舒缓的氛围中谈论了生与死、身体与风险的话题，不过最核心的内容还是我如何理解自己身体里存在着癌症这件事。

但是，在书信往来中，"真的突然感到不舒服"的情况发生了。从那以后，书信的色调开始发生变化。

究竟是从何时起，我开始"真的突然感到不舒服"，而矶野女士一边感到与我聚散匆匆，一边从笔下织出书信？又是从何时起，事态被导向这种状况？这一切是偶然的聚积，还是必然？往来书信的内容也包含了这些主题。

在常常无法确定的时间流动中，与某个人的相遇充满意义，也令人恐惧。我们当然也可以从那里逃走。那么为什么不逃走？从中又能获得什么？我和矶野女士仿佛拉拽着对折的细线，一边缓缓（或快速）降下，向我们相逢的缘分靠近，一边不停思考。

我衷心希望，诸位最后看到的风景，是一个充满希望的无限世界。

宫野真生子

1 突然感到不舒服

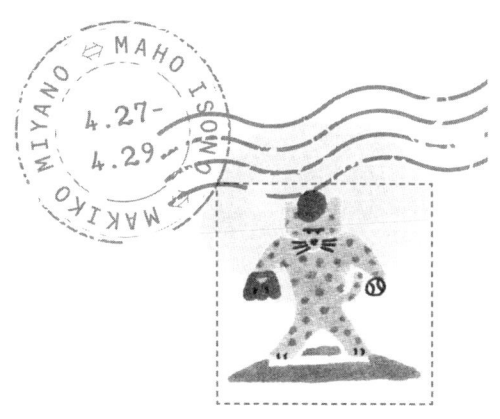

敬启
致哲学家宫野真生子女士：

上周末分明还像夏天一样炎热，结果从十连休的第一天就开始下雨，寒意阵阵。但是小喵（浅茶色虎斑猫，7岁）仍然蓬蓬松松的，刚刚还用它那奶茶色的右爪在我的大腿上呼呼地拍了好几下。早上6点到8点是小喵想让我陪它玩儿的时间，不过一旦过了这个时间段，它就会对我爱答不理，叫它也得不到回应。

在距今半年前的2018年11月，我们因为"身体的学问"（从文化人类学的观点讨论身体与食物的联系）工作坊开始互通邮件。我至今仍然清楚地记得您告诉我，医生认为您"可能会突然感到不舒服"。说句实话，我当时非常吃惊。

我是在那年9月召开的文艺共和国会议（独立学者逆卷茵先生主办的大会，旨在加强各专业领域之间以及学院派与大众之间的沟通）的座谈会上无意中听说您患了乳腺癌的。

但是，在我的观念中，那是一种可以治愈的病，并不会突然恶化。我的脑海中浮现出您平淡的语气和那些专家、患者的介绍："癌症以前虽然是不治之症，但如今医学进步，许多人即使得了癌症，情况也能好转，甚至能在治愈后健康地生活下去。"那些显示癌症并没有那么可怕的图表也重新出现在我的记忆中。

自从苏珊·桑塔格的《疾病的隐喻》出版以来，时代已经发生了巨变。

在接触关于癌症的"信息"时，我曾下意识地这么想。

我对癌症的认识仅限于此，即使听说"出现了多发性转移，情况不算太好"，我也只是脑中一闪："多发性转移？到底是什么意思？"姑且上网查了查，但只能看懂字面意思。不过有一点我是弄明白了，关联检索显示许多人都在检索"生存期"，却几乎没有网站详细展示相关内容。

我立刻停止了检索。对于我来说，更重要的不是从那些罗列的文字中学习有关多发性转移的知识，而是内心的犹豫：我可以邀请您担任活动的讲师吗？观众可是要为活动付费的，您可是从医生那里得到了"可能会突然感到不舒服"提醒的病人。

我陷入了思考。如果您突然感到不舒服，那么会给我带来怎样的麻烦？"突然感到不舒服"这句话本身又意味着什么？

第一个问题的答案十分简单。麻烦在于我要逐一联系到场观众，通知他们活动终止，还要给他们退还入场费。说是麻烦可能有些夸张，毕竟只是单纯的手续问题。参加"身体的学问"主题活动的客人大多性格沉稳、想法成熟，就算讲师身体不适造成活动终止，应该也不会引发什么问题。而且，在幕后支援活动的林利香女士也会爽快地迅速帮我们处理相应事项。

关键在于第二个问题。"突然感到不舒服"究竟意味着什么呢？

医生告诉您"可能会突然感到不舒服"，这种做法站在医生的角度大概没有任何不妥，但是被告知的一方就会感到困惑。我们并非生活在概率中，而是生活在具体的安排中，例如，从星期二傍晚6点开始上课，或是5月19日有学术会议。在这样的安排里加上"可能会突然感到不舒服"，到底该如何理解呢？

进一步说，不仅是您，连我——矶野真穗，也不是完全没有可能"突然感到不舒服"。比如，遭遇交通事故当场殒命啊，突然蛛网膜下腔出血啊，这样的事也可能发生在我身上。所谓概率，只是某个群体表现出的倾向。就算您突然感到不舒服的可能性很高，也不能确定您就会成为那个群体的一员，毕竟您也可能属于极少数平安无事的。同理，就算遭遇交通事故当场殒命的可能性极低，也确实有一小部分人会遭此不测，而我并不能将自己从这部分人中排除出去。

这么一想，我们之间的差别比想象中更小。如果突然感到不舒服的是我，那么活动又会变成什么样子？主办者身体突然垮掉也会给观众带来麻烦，处理方式也不会有什么变化。

再进一步，以"突然感到不舒服可不行"为由取消活动，结果当天什么事情都没有发生，那么又该怎么办？"虽然什么都没发生，但也只是运气好而已，取消活动还是对的啊。"——这么想合适吗？

为了更加深入地探讨概率的话题，请允许我稍微绕个远，讲述一下我在心血管门诊进行田野调查时遇到的一位女士的故事。为了保护个人隐私，我对故事进行了加工，但要点全部保留。

再去一次那座公园

山田丰子女士（72岁）半年前出现房颤，正在新宿的一家心血管病专科诊所接受治疗。房颤是心律失常的一种表现，虽然不会立刻危及生命，但是血液在心房堆积沉淀后容易产生血栓，一旦移动至脑部，就会引发脑梗死。为此，医生一般会采取抗血栓疗法，即通过治疗让病人的血小板不易聚集。但丰子女士的房颤属于没有规律的阵发性房颤，而且不符合治疗指标，因此当时并没有进行抗血栓治疗。不少阵发性房颤都会发展为持续性房颤，但也有人的房颤仅此一次，之后若干年内再也没有发作。

丰子女士第一次出现房颤，是带着自家的蝴蝶犬三太郎去附近小丘上的公园散步的时候。她的两个孩子已经离家独立，家中只有她和丈夫两人，三太郎就像是她的孩子。那是个晴朗的秋日，清爽的上午还带着一抹夏季的余韵。格外喜欢散步的三太郎竖着尾巴和蝴蝶翅膀般的耳朵，扬扬得意地走在丰子女士身边。这天的散步也和平时一样，但是登上通往公园的平缓台阶时，丰子女士感到心脏出现了从未有过的激烈跳动。休息片刻后，心跳恢复正常，丰子女士也平安回到了家。但她感到此事并不寻常，于是立刻前往医院检查，结果显示发生了房颤。

听了医生的说明，丰子女士认为无论如何也要避免发展为持续性房颤，更要避免出现脑梗死，于是立刻改变了生活方式。她放弃了每周一次与朋友喝酒唱卡拉OK，也减少了单纯去唱卡拉OK的次数，只为减少外界刺激。在她看来，出远门也会对心脏不好，因此父亲忌日时她也不再前去关西扫墓。遛狗的任务交给了丈夫，因为医生说要避免爬坡和搬重物。

从那以后的六个月内，丰子女士的生活风平浪静，一次房颤都没有发生。自信满满的她在每两个月一次的复查前一天怀着报复性的心理牵上三太郎，久违地外出散步。三太郎像那天一样竖着耳朵，乐颠颠地和她一起慢慢登上通往公园的台阶。六个月前发生的房颤并没有出现。

丰子女士不禁想，自己肯定已经痊愈了！

第二天，丰子女士来到医院，满怀期待准备向医生报告。结果就在挂号的时候，同样的症状再次袭来。做了心电图一看，波形明显属于房颤。为了让垂头丧气的丰子女士冷静下来，医生安慰道："一旦发生过一次房颤，就很容易再发生第二次。"但丰子女士还是难掩内心受到的打击。

宫野女士，癌症与阵发性房颤虽然是截然不同的疾病，但两者都隐含着"突然感到不舒服"的可能性。每次想起您去年11月的邮件，我就会想到丰子女士。

丰子女士房颤再次发作是预料之中的。因此，肯定会有医生认为她6个月以来为了让阵发性房颤痊愈所做的努力在医学上毫无意义。但是，如果丰子女士此后若干年再也没有出现房颤呢？那我们还能断言她的努力没有意义，或两者之间没有因果关系吗？站在科学的角度，我们既不能说YES，也不能说NO。

另外，丰子女士为了避免可能发生的房颤，放弃了喝酒、远行和遛狗等许多事情。医生的提示并没有错，丰子女士不愿给心脏增加负担的想法也没有错，但医生的话确实改变了丰子女士的生活。

某位流行病学家基于数学模型提出了"可能性"的概念，这也许会彻底改变一个人的生活，也封印了丰富多彩的未来。在强调危机管理重要性的今天，在无比清晰的客观数字面前，微不足道的人生变化会被轻而易举吹得烟消云散。但是，每次回忆起丰子女士，我都会想到可能性的力量与蕴含其中的深重罪孽。

让我们说回正题。我最终依靠内心奇妙的信念感给您回复了邮件，内容正如您所见："如果真的感到不舒服，我们就说是得了流感。2月正是流感暴发的季节，这样说不会引人怀疑。"您也接受了我的提议。后来什么也没有发生，活动在好评中圆满落幕。那次成功促成了后来在福冈举办的工作坊和 7 月 26 日在名古屋举办的活动。

宫野女士，每当您的病情或治疗方式发生变化时，医生应该都会提到概率吧。而且我相信，其中一定会包含与"死亡"相关的概率。对于您来说，概率应该包含双重意义，不能简单归结于好或坏，而是一种复杂纠结的状态。

我想试着与您交换书信，从您的体验和您作为一位哲学家的视角出发，一起探讨概率、当下与未来。

医学人类学家矶野真穗

2019 年 4 月 27 日

谨复
致医学人类学家矶野真穗女士：

矶野女士，东京很冷吧。

我正在濑户内海的岛上休假。每到 5 点半，这里就会响起《晚霞渐淡》的旋律，町内广播随之而来："诸位快快回家吧。"我不由得想象自己就生活在这座岛上，每天走过飘着酱油香气的小巷，回到能看见大海的家中。晚饭大概是用酱油简单煮过的弹牙小乌贼（听说本地人管那叫枪乌贼），煮过乌贼的汤汁浇在白饭上吃，看起来不太像样，但应该相当美味。

我的脑海中浮现出截然不同的人生画面。旅行的精髓尽在于此。我对至今为止的人生并无不满，反倒深感满足。不过，当我想到自己的人生存在另一种可能性，便觉得这会指引我在自我肯定的基础上产生新的思考。不过，这种可能性与您在信中提到的与概率有关的"可能性"看似一致，却有本质区别。

说起来，自从我向您传达了对"可能突然感到不舒服"的担忧，已经过了半年。到头来我依然忙工作忙到四脚朝天，要不就是仅凭兴趣便决定举办活动，要不就是头脑一热便接受委托。当然，我的癌症并没有治好，如今也可能"突然感到不舒服"，但我已经不再多想了（内心某个角落的挂记自然还是在的）。能像这样毫无畏惧地完成工作，都是托您那封邮件的福。如今重读，您是这样写的：

> 我也一样，下个月也可能突然遭遇什么。我只是现在没有生病，但或许我陷入束手无策境地的可能性比宫野女士您还高……危机究竟是什么呢，我越来越想不明白了。[1]

是啊，不止您一个人感到束手无策，大家都平等地可能会"突然感到不舒服"。就算身体没有出现异常，我们的人生也可能因为事故和灾害等原因暴露在危险之中，从此一去不回。只是日常生活既不会明确告诉我们这点，也不会使我们产生危机感（不过就在最

---

1 此处内容为矶野第一次邀请宫野参加活动时发送的电子邮件。邮件的完整内容未收录在本书。——编者注

近，我感到自己的饮食和生活习惯里暗含危险，也许在不久的将来，我就必须严格自律了）。

2018年秋天，我的主治医生对我说："你可能会突然感到不舒服。"我只记得自己当时不知该如何回应，刚要问出口，主治医生（这是一位非常温柔的好医生）便说："以防万一，最好尽快找到合适的临终关怀设施。"我恍然大悟，终于明白了"感到不舒服"之后会发生什么。于是我若无其事地问：

"感到不舒服之后，还能维持多久呢？"

"我这里说的是最糟糕的情况……但毕竟是肝脏的问题，一旦恶化，会发展得非常迅速……快的人三个星期就去世了。"

"哎？三个星期？不是三个月吗？"

我不自觉地抬高了声音。

哲学家马丁·海德格尔曾在《存在与时间》一书中提出问题：对日常生活中疲于奔命的人来说，"死亡"意味着什么？对此，他给出了这样的答案："死亡确实正在到来，但不是现在。"

在医生告诉我可能"突然感到不舒服"之前，死亡在我心中正是如此。

当然，如今癌症已经可以被治愈。早期癌症自不用说，复发的病人只要治疗得当，就算不能好转，也能较好地控制病情，长期生存。与身体健康的人相比，癌症病人或许离死亡要近得多，不过我觉得很多患者与健康人没什么不同，他们会说："一切都跟平常一样啊。""明天还有工作，下个月还要去旅行呢！"最重要的是，他们不太愿意考虑患病这件事。正因为死亡的念头时隐时现，他们才会比健康人更加清楚地明白"死亡确实正在到来，但不是现在"的含义。

但是，我已经到了无法逃离的境地——"死亡就要到来。"

这下可头疼了。人生还会继续，这是理所当然的，我已经以此为前提做好了计划：明天要参加会议！下个月安排了活动！论文也该校对了……我想了很多。总而言之，我觉得自己必须做好安排，不能给别人添麻烦。于是我取消了一项尚未开始准备的活动，为第二天的会议做好安排，然后就开始收拾房间，把衣服装满垃圾袋后扔了出去，以防在突然住院时会有麻烦。现在回想起来，我实在看不出那么做有什么意义。

我开始寻找临终关怀设施。当然，我也必须去寻找能够让我尝试全新疗法的医院。收到矶野女士您的邮件正是此时。

读到您的邮件，我恍然大悟。"啊，是这样的。"

每个人都可能"突然感到不舒服"，但我们都生活在当下。

我发现可以用另一种方式来解读海德格尔对"死亡"的论述。人们原本将海德格尔的哲学视为"死亡的哲学"。在海德格尔看来，人们在日常生活中以"不是现在"为由回避死亡的话题，就等于不去直面自己的生活，这正是海德格尔的哲学所批判的。但是，果真如此吗？

毕竟，我们原本就无法在当下体验"死亡"。"死亡"无论何时都存在于未来（海德格尔也曾指出这一点）。死亡确实存在于未来，但我们为什么必须基于未来的死亡思考当下呢？这不就像为了未来而利用当下吗？"为了任何时候死去都不会后悔"——这样的话语听起来很动人，我却从中感受到了些许欺瞒的意味。

让我们来聊聊风险吧。患病的人常常生活在多种多样的风险与可能性的话语中。大部分话语都围绕着以证据为名的各种数值，例如，○○中有百分之△或□成的人会这样……听闻这些数据的患者惊恐不已。连我也一样，要是有人告诉我"服用这种药的人会有百分之○○的可能性患上间质性肺炎，一旦咳嗽请务必小心"，我肯定会老老实实戴上口罩。面对这种名为风险的可能性，患者究竟要如何应对呢？

以我自己的人生为例，在被告知风险后，我的人生可能会走上三条不同的路：一是癌症得到相当程度的控制，风平浪静地生活下去；二是苦于治疗带来的副作用，但还是想办法勉强活在世上；三是治疗后的副作用十分严重，让我奄奄一息。若是再进一步说，展现在我面前的就是"突然感到不舒服"的可能性，与截然相反的另一种结果。

由于风险和可能性，我的人生正逐渐被细化。而且，与疾病和药物相关的风险尤其多。在这样的情况下，我也不由自主地感觉到负面的可能性占据了人生大半，而"风平浪静地生活下去"的可能性越来越小。

而且麻烦的是，这些风险与负面的可能性会使未来明明白白地展现在我眼前。一旦开始咳嗽、呼吸急促，就意味着我得了间质性肺炎，继而必须治疗……因为处于"突然感到不舒服"和"台阶踩空了两级"（这些都是我实际听到过的话）的状态，就要寻找临终关怀设施吗？某些风险会导致这样的状态，并且最终必然导致特定结果，这是很容易就能想象到的。风险就是具备这种力量。正因如此，我非常理解您信中提到的丰子女士的选择，她为了"正常地生活下去"而选择克制自己。

但是，这种被风险与可能性环绕的感觉，总让人觉得有些奇怪。

感到奇怪的原因在于，人生正在被名为"风险"的话语细化。在那种境况下，患者会感觉自己面前有若干条岔路，每条岔路都用箭头指明了终点。患者要慎重前行，试图避开有风险的、不好的岔路，选择"可以正常地生活下去"的岔路。

但是，患者并不知道自己做出选择后能否真正到达箭头所指的终点，因为每一条岔路都不是一通到底，一旦走在其中，就会发现前方还有多个分岔。

而且最为重要的是，患者无法事先掌握岔路的全貌。每一次选择和前行都会让岔路的数量和终点的样子渐渐发生变化。正如您在美国决定专攻文化人类学时，就出现了与进食障碍者们相遇的这条岔路。

不过，在那个时候，您面前肯定尚未出现与我像这样进行书信往来，甚至共同写书的岔路。一起参加文艺共和国的会议时，全新的岔路在我们面前生成，进而出现了更多可能性，然后才有了今天。

当然，如果在那些岔路中选择了另外一条，那我们也就不可能携手工作了。选择某一条岔路并不意味着选择单一的直路，而是将会走入崭新的、无限的可能性中。所谓可能性，就是没有明确终点的道路，是不断分岔、不断动态变化的整体。

不断变化的可能性中自然包含着许多负面的可能性，比如为了"可以正常地生活下去"而努力的丰子女士，等待她的却是房颤再次发作。但是，未来是一个同样包含负面可能性的整体，我们不可能只走在单一的道路上。

"为了任何时候死去都不会后悔"，我之所以感到被这句话欺骗，是因为死亡虽然确实会到来，但仅仅像这样用未来照进当下，会让人忽视不断变化的可能性，忘记从整体上看待未来的重要性。我希望通过旅行来尝试描绘截然不同的人生。人生各不相同，我希望自己不要忘记，当下的我正一边孕育无数未知的可能性一边前行。

这么说可能过于装模作样了，毕竟风险所指向的可能性也会给我们带来一种重要的"安心感"。从概率的话语中逃离实在太难。我们该如何在这样的社会中生存下去，我愿与您共同思考。

哲学研究者宫野真生子

2019 年 4 月 29 日

从小豆岛眺望大海。

2

何事何物照进当下？

致左撇子哲学家宫野真生子女士：

谢谢您的回信。

在反复阅读您的回信时，我想起了前些日子看到的一处位于高架桥下的小公园。公园的围栏上挂着醒目的横幅："请勿玩球或发出噪声，以免影响周围居民。"难道那附近住着一群不得了的孩子，发出的噪声能超过高速公路这种超级噪声源？我无论如何都想去一探究竟。

不仅是这处公园，最近张贴注意事项的公园越来越多。打棒球不行，踢足球不行，大声喧哗不行，放烟花也不行。我们的社会似乎在鼓励孩子：你们都老老实实在家刷手机吧。公园里的游乐设施也保守了不少。在我上小学的时候，校园里设置了高度达到我身高三倍的运动设施,一到休息时间,活泼的孩子就会争先恐后地向上攀登。教室前方的广场上有转得飞快的圆形设施和猛地一荡几乎能看到教室屋顶的秋千。当然,那时的教室还是平房。

如此具有挑战性的设施那么盛行,自然会有孩子会受伤。我也曾在和高年级的哥哥姐姐一起玩那个转得飞快的圆形设施时头晕失去平衡,手掌擦破了皮,还难受得在雪地上吐了一通。狂野粗放的不止游乐设施,还有游乐场地。我曾经去附近放置废弃材料的场地玩耍,或是钻进脏兮兮的管道中,或是拖着锈迹斑斑的铁棍,还曾和三个朋友一起在空地挖洞,试图打造秘密基地。那些当然都是别人家的私有土地,事后大人只能去道歉。

但是,一切都是昭和时代,也就是上上个时代的情形了。我小时候体验过的种种如今都被认为充满危险,或是在设计阶段就被否定,或是被围栏隔绝起来,种种体验从源头上就已不再可能。

要说为什么突然提到游乐设施,是因为您回信中的这段话:

"为了任何时候死去都不会后悔",我之所以感到被这句话欺骗,是因为死亡虽然确实会到来,但仅仅像这样用未来照进当下,会让人忽视不断变化的可能性,忘记从整体上看待未来的重要性。

读到这里,我不禁想道:原来您有这样的感受啊。
从您那里听到多发性转移一事时,我曾用名为死亡的未来照

何事何物照进当下? 019

进当下。那时我正处于稍感艰难的人生阶段，但是听了您的话，让名为死亡的未来照进当下，我开始能够剖析出什么才是对自己最重要的。

对您来说，死亡是横亘在眼前的现实，我的这些话对您来说怎么看都只是一种无礼。但听到您说"为了任何时候死去都不会后悔"这句话让您有遭到欺瞒的感觉，我觉得十分不可思议。不过再次阅读回信，我又感到我们的处境和想法其实非常相似。

乌干达西南部有个希马族，在文化人类学领域无人不知。希马族的女性不能摸牛，因为在他们的观念中，作为生活食粮的牛被女性摸到就会生病甚至死亡。这故事很多人听了可能会笑得喷饭，但是瑞典人类学家阿莎·巴霍姆（Åsa Boholm）却提出了这样的问题："女人触摸→牛会死"和"服下这种药→人就会感受到强烈的倦怠"，前者和后者有什么不同吗？

巴霍姆得出的结论是，两者有根本性的不同。前者是在确定性的基础上得出的结论，后者则基于不确定性。在希马族人看来，牛并非"可能"会生病或死亡，而是"绝对"会出现其中一种情况。而后者至多只是具备可能性，并不一定会实际发生。前者是宿命，后者是基于概率的不确定性——也就是属于"可能"的范畴。

您正在接受现代医学治疗，一切应该都在依照概率论推进。推进到这一步，就有 20% 的概率变成这样；接受这样的治疗，就有 10% 的概率出现这种情况等等。您以前就说过，您已经习惯了这样的话语。

你是我们团队的主将

你别小看自己哟

你可爱的、勇敢的已经非常努力了

塞翁计算得失，有些地方是无法到达的

如果觉得一切不明不白、不合情理，那么生气就好

没关系，还能行

如果不想接受，那么去抗争就好

读到您被告知"可能会突然感到不舒服"后，把衣服都一股脑儿塞进垃圾袋，又取消了之后的活动，我认为医生告诉您的并非概率，而是命运。毕竟您感觉到的是"死亡会来"，而不是"死亡可能会来"。

我在临床现场进行调查研究后发现，现代临床医疗中存在很多伪装成"概率论"的弱"宿命论"。您的医生希望您去寻找临终关怀设施，只是为了让您意识到死亡很快就会到来。正因如此，医生才会举有人3个星期就会去世的例子。如果站在证据等级[1]的视角来看，这属于个别案例，是可信度很低的第四等级。

然而，当某个具体事例出现在某个具体的语境中时，就会转化成听者心中的未来，所以您才会扔掉衣服，寻找临终关怀病房，准备生活在死亡的阴影下。而取消活动，则是放弃了没有死亡阴影的未来（这并不是对您的主治医生的批判，他已经悉心尽到了医生的责任）。

您在回信中这样写道：

> 以我自己的人生为例，在被告知风险后，我的人生可能会走上三条不同的路：一是癌症得到相当程度的控制，风平浪静地生活下去；二是苦于治疗带来的副作用，但还是想办法勉强

---

1 证据等级，或称证据金字塔（levels of evidence），是一种排序系统，用来描述临床试验或研究的结果强度。——编者注

活在世上；三是治疗后的副作用十分严重，让我奄奄一息。若是再进一步说，展现在我面前的就是"突然感到不舒服"的可能性，与截然相反的另一种结果。

由于风险和可能性，我的人生正逐渐被细化。而且，与疾病和药物相关的风险尤其多。在这样的情况下，我也不由自主地感觉到负面的可能性占据了人生大半，而"风平浪静地生活下去"的可能性越来越小。

在医疗的世界，总会随时随地响起"帮助患者的大合唱"。

每个人都会说："我们要基于正确的信息，在尊重患者意愿的基础上提供帮助。"当然，这里所说的"正确的信息"，是指客观的、具有一般化可能性的证据。但是，我无法毫无保留地赞同这样的"大合唱"。

他们所谓的客观数据不可能独立存在，而是一定会被植入某种具体的语境之中，形成医疗从业者口中的具体话语，再传达给患者。

很显然，这类话语中隐含着医疗从业者脑中的未来图景和理想的行为方式。患者听到某些话语，从对方提示的未来中决定自己的明天、后天乃至以后的生活方式。如果人拥有十个身体，那么按照概率的提示，十个身体中，可以三个走这边，七个走那边，兵分两路前行，再选择其中最为顺利的。但身体既然只有一个，就只能选择一条道路。

也就是说，每名患者都只能基于"宿命论"做出选择："等待我的未来是这样的，所以我只能走这条路。"这意味着，患者的决策并非完全基于他们自己的意愿，而是融入了医疗从业者的意愿，同时受到了为其决策提供依据的相关人士的影响。当医疗从业者说出"尊重患者的意愿"时，其实已经融入了大量医疗从业者的意愿。"正确的信息"中包含着不让患者看到上述现实的力量，我认为这个问题至今仍未得到重视。

话说回来，根据概率描绘未来图景之所以困难，是因为无论如何都会走到弱"宿命论"这条路上。医生一边采取"宿命论"的说明形式，一边以"可能"一词随时留出退路，得到提示的患者唯有沿着所选的道路谨慎前行。

但另一方面，选择不同的道路同样困难，毕竟已经被提示：沿着这条路走，"可能会遇到多么可怕的事"。况且，人们实在难以忽略数量众多的"可能性"，因为这些"可能性"已经出现在"宿命论"的故事中，而那一个个风险似乎都会不偏不倚地落到自己身上。

在接连落下的"可能性"中，人会渐渐动弹不得。

"为了任何时候死去都不会后悔"这个观点让您觉得遭受欺骗也是同样的原因。随着一次次听闻风险，人们会感到"正常地生活下去的可能性已经变得很小"。这些难道不都是如前所述的结构带来的后果吗？与您的人生毫无关系的第三者做出了如下预测："这种危险的事'可能'会发生。"您之所以感到不对劲，正是因为当下的可能性时不时会被限制在第三者的预测中。

在我看来，这与公园里的游乐设施越来越安全稳妥，无论怎么滑都很难受伤的滑梯被安置其中的现象多少有些相似。

同为左撇子的矶野真穗

2019 年 5 月 3 日

致出生在长野的人类学家矶野真穗女士：

黄金周转眼就过了一半呢。我回到了京都的小房子，写写论文，做做饭，再散散步，正在享受日常生活。在福冈的时候，我每天都被工作和治疗围追堵截，经常到了傍晚连准备晚饭的气力都没有，倒头就睡。现在能和原本分开居住的伴侣共同生活在京都的家中，我感觉既像日常，又像过家家一样，是一场非日常的庆典。

是的，我选择了日常气息过剩的生活。平时我早起后根本就不开电视，现在却特意观看关西本地的"早安朝日"节目；明明不是职业棒球阪神老虎队的拥趸（众所周知，我喜欢的是广岛东洋鲤鱼队），却要参与讨论，发表意见。到了傍晚，我就像曾经的母亲一样，一边任电视播放本地新闻节目，一边料理家务。

在新闻节目中，我听到了这样的问题："如果癌症治好了，您最想做什么？"这是介绍最新癌症疗法的新闻中的采访环节，年轻的记者正向一位不到 65 岁的男性患者提问。采访大概是在患者自家的起居室进行的，他的妻子就坐在旁边。"我想去旅行，想和妻子一起环游世界……不，环游日本就好。"他回答问题时的表情一言难尽。

我不禁在心里嘟囔："现在去不就好了吗。"

当然，这是毫不考虑患者状况的冷血想法。大多数化疗都需要每周进行，放疗也必须进行数次。不过，一边治疗一边旅行也是可行的。治疗日程并非完全不能调整，外出旅行虽然伴随着感染的风险，但只要谨慎应对，就不会出现问题。

但是，医生或许曾提醒过这位患者："以你现在的白细胞数值很有可能发生感染，一旦发烧超过三十八度，请马上联系医院。"这样还怎么旅行！患者自己害怕发生意外，才会一再选择克制。我曾经也是如此。然而到了后来，我每个周末都会外出。

当我在心里嘟囔"现在去不就好了吗。"时，其实是"如果癌症治好了，您最想做什么？"这个问题让我感到焦躁。与此同时，我也对自己因为这种情绪而对患者出言不逊的冲动感到困惑。不过，读了矶野女士的来信，我好像明白了自己困惑的理由。

"如果癌症治好了"，这个假设其实揭示了另一种可能性，那就是——"如果癌症治不好"要怎么办。而"治好了最想做什么"的提问暗示着：如果治不好，那最想做的事就无法实现。

但是,"癌症治好"和"癌症治不好"之间存在巨大的鸿沟,其间更是有多种多样的生活方式。如果将每年只需接受一次检查的患者视为"治好"的人,那么又该如何看待他/她接受检查前心中"也许没治好"的不安感呢?又或者,有人每月只需接受一次激素注射治疗,在注射之外几乎不为疾病所困扰,平时在工作中拼尽全力,这样的人算是"没治好"吗?

将存在于"治好"和"没治好"之间的各种生活方式和情绪粗鲁地抹去,提出"如果癌症治好了"的问题,进而描绘"能做最想做的事"的未来图景,在其背后存在两个选项:第一,如果采用最新疗法,癌症就会治好,就能做到最想做的事;第二,如果没能采用最新疗法,癌症就治不好,想做的事就无法实现。

然而,就算不是最新疗法,也还有多种方法。就算癌症治不好,也还有多种生活方式。电视采访仅将易懂的风险放到人们面前,盲目抛弃、抹杀了各种可能性,这种行为如果借用您的话来说,正是充满了"宿命论"的色彩。我之所以对此感到焦躁,情不自禁地嘟囔了一句,也是因为它将患者推入了单纯的"宿命论"轨道,而患者自己看起来也正不断陷入其中。

这种出现在媒体上的"宿命论"应该可以说是经过伪装的强"宿命论"。和临床医疗中与多种多样的风险和证据同时出现的、伴随着"可能性"的弱的"宿命论"相比,前者要粗杂得多。不过我也短暂地想过:干脆就接受这粗杂的"宿命论"好了,那样不是更轻松吗?

这样自我评价可能有些不妥，但我自觉是一个受过现代医疗恰当启蒙的优质患者。正因如此，面对媒体口中粗杂的强"宿命论"时，我才会反驳说，其实还有多种治疗可能性。我甚至可以讲出各种治疗方法的优势与缺陷。了解各种各样的选项，得到"正确的信息"，然后自己"恰当地做出决定"，我正是不断重复这样的过程直至今天。每次我都将风险与收益放在天平两端权衡。当医生告诉我"你可能会突然感到不舒服""最好尽快找到合适的临终关怀设施"时，我的反应也是如此。矶野女士您不是说过吗：

> 如果人拥有十个身体，那么按照概率的提示，十个身体中，可以三个走这边，七个走那边，兵分两路前行，再选择其中最为顺利的。但身体既然只有一个，就只能选择一条道路。

没错，身体只有一个，但是心可以分割。

或者说，我曾一直觉得可以分割。

当医生告诉我"你可能会突然感到不舒服"时，我想到的确实不是"死亡可能会到来"，而是"死亡即将到来"。听了您的话，我第一次意识到医生的话语（尽管他并非刻意而为）始终在诱导我。

不过，我同时也打算好好活在当下。为了不被弱"宿命论"拖走，我不断告诉自己"这只不过是一种可能性"，并决定为应对一切可能性做好准备。只要有备而来，身体只有一个也不怕。白天的时间一部分用来寻找临终关怀病房，剩下的时间留给别的治疗检查,晚上依旧照常工作。我虽然只有一个身体,但每转换一个场景,心就会根据可能性再进行分割。

但是,这样做太辛苦了。根据可能性分割自己的内心,在其中做选择,真是难上加难。然后就发生了您在信中写道的情况,"在接连落下的'可能性'中"渐渐动弹不得。

寻找临终关怀病房时,这种动弹不得的感受最为强烈。说完"你可能会突然感到不舒服"后,医生表示,让我准备寻找临终关怀病房是为了"以防万一"。

最初得知自己看病的医院并没有相关病房,我一时无法理解状况,大脑一片空白。我的主治医生是个非常温柔细心的人,重新对临终关怀病房的地点进行了说明,为我列举了大量可供选择的医院。

○○医院与我们大学医院在很多方面都有合作。

如果是宫野女士您家附近,那么△△医院比较方便。

××医院稍有些远,但那里有位负责舒缓治疗的医生原来是肿瘤内科的。

如果有什么不明白的地方,请咨询我们医院的医疗福祉员……

这就是"基于正确的信息,在尊重患者意愿的基础上提供帮助"。我对临终关怀病房的了解越来越多,却无法想象自己将会怎样在其中生活。走向死亡的过程中会发生什么,我的身体又会怎样恶化，我实在无法描绘出来。

当然，身为"优质患者"的我切实走访了若干临终关怀病房，与负责人面谈，就照护事项提出问题。比如，在家看护的体制完备吗？情况突然恶化时如何应对？什么情况下会使用吗啡？我一边询问风险，一边想象着各种可能性。

但是，我得到的"正确的信息"无非是一般性的、第三人称视角的信息，而非第一人称的。到头来，我并不明白"我将会怎样"或"我的感受将会如何"。直面死亡的我可能会在慌乱中变成他人。或者，这个过程也可能会出乎意料地平淡。

而且，随着癌症的发展，病情的变化也是多种多样的。我既不知道自己的身体会发生怎样的变化，也不知道病情会如何发展，那么又能通过第三人称视角下的"正确的信息"做出什么决定呢？就算不知道做出某个选择之后会有怎样的未来在等待着我，我也必须做出选择。在如此境况的逼迫中，前方毫无疑问将是"自己原本的状态会从根本上发生改变"。

毕竟，横在前路的，是自己的身体即将消失的严峻未来，曾经拥有的全部可能性应该都会发生变化。面对那么严峻的未来，不断积累并细化可能性也好，计算风险与收益也好，都会得到"请按您自己的意思来决定"的回应。而我的一切选择都会化作受到尊重的"患者的意愿"。我考察了多家医院，最终不知不觉吐出了这样的话："选择太艰难，决断太令人疲惫。"

正是在这样的时候，经过伪装的、粗杂的强"宿命论"的诱惑力开始越来越大。

如果是命运使然，那么我就不需要选择，也不需要做出决定。如果只有正反两条路，那么问题就只存在于选择之前，只要跨越那一关，之后只需努力就好。作为一个"优质患者"，我被弱"宿命论"左右，被风险与可能性左右，做决定本身已经成了一种重负。话说回来，到底该怎么"做决定"呢？

于是，疲惫不堪的我暂时放弃了一切思考，选择回京都一趟。

这个选择姑且包含了寻找临终关怀病房的目的。但是，在即将入住临终关怀病房的阶段，从福冈移动到京都的风险太高，几乎无法实现。不过我还是选择直面自己"想回京都去"的想法。这样一来，回京都这一行动本身就不再带有"选好了"或"决定了"的感觉，只是随性而为。

然而，临时起意的京都之行却让我遇到了一家医院，为我今后接受的照护定下了方向。这不是在比较若干选项后理智地决定的，而是在偶然的"邂逅"下自然得出的结论："就选这里吧。"因此，我才会说这是"为我定下的"。与其说这是我选择并决定的主动行为，不如说是那家医院的医生和护士营造的氛围柔化了我的身体，让我自然而然地接受下来，情不自禁地说出："那就拜托你们了。"

回忆起这段经验，我开始思考"选择"本为何物。我们可以理性地进行比较、讨论，但是那样真的能更加合理地做出选择吗？那样的"选择"是真正的"选择"吗？如果最终我们只能被动地做出决定，那么"选择"与其说是一种主动行为，不如说是一种达到了安稳、习惯的状态，而且这种状态并非偏于理性，而是与舒适、熟悉之类的身体感觉相接近。既然是身体感觉，那么就存在力不从心的被动的一面。

至少对于在死亡面前被弱"宿命论"束缚折磨的我来说，穷尽全部可能性的并不是更合理的选择。我所熟悉的京都和这片土地带给我的邂逅照进了我的当下与未来。

想回京都的哲学研究者宫野真生子

2019 年 5 月 4 日

最喜欢初夏鸭川的绿意。

3

四连败与替代医学

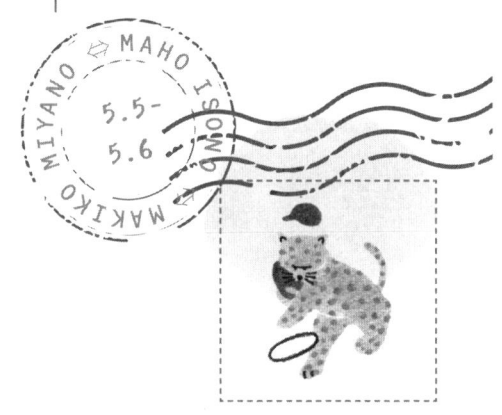

致热爱京都的哲学家宫野真生子女士：

5月3日宪法纪念日那天，我和三迫拳击俱乐部的A级职业拳击手小久保聪先生一起去代代木公园野餐。准确地说，是在吃过午饭后，带着餐垫和饮料到代代木公园放松。

小久保先生是在我成为三迫俱乐部练习生三个月后入门的。他身兼两职，既是职业拳击手，又是高中语文老师。目前，他的总战绩是七胜八负三平，即使想恭维两句也有些困难。而且他曾经在三连平后遭遇四连败，将近四年都没赢过比赛，那时的总战绩自然更是惨不忍睹。拳击手在安排比赛时一般都会选择看起来实力不如自己的对手，小久保先生或许正是因此才获得了比赛的邀约。

然而，小久保先生的战绩近期越来越好，三场比赛取得了三连胜，最近一场4月的比赛还完成了豪爽的技术性击倒，他终于要在6月迎来挑战排名选手的机会。了解小久保先生的人自然会将这样的经历传为美谈。小久保先生两年后就要退役（拳击手原则上三十七岁必须退役），虽然他曾被胜利之神抛弃，但渡过难关后变得更加强大，历尽千辛万苦终能挑战排名选手。这实在是个不折不扣的感人故事。

但是啊，小久保先生是这么说的：

> 四连败的时候确实多次想过放弃，但又不知道能否跨越这道坎。别人都说我努力过了，可我自己并不确定。有人把我的经历讲成了帅气的励志故事，可我并不觉得有那么帅气。如果别人问我"你为什么开始练拳击"，我也能给出像模像样的答案，但真正的理由其实我也不懂。有时我甚至会觉得这并不是由我自己的意志决定的，而是从一开始就是命中注定的。我并没有下什么决心，只是自然而然的结果。不过，我虽然不太明白，但一次次邂逅、机会和一段段话语让我不知不觉就走到了现在。

宫野女士，您原本是一位"分割内心"并采取理性行动的优质患者，却"在接连落下的'可能性'中渐渐动弹不得"，最后将风险与收益全部抛在脑后，仅仅遵从自己的内心回到京都，没有一丝拖泥带水。那时，您与那座医院的人们邂逅，和他们一起决定了今后的方向。读到这里,我想起了小久保先生的话:"我并没有下什么决心,只是自然而然的结果。"

我们真的能做出合理的"选择"吗?您的疑问在现代社会十分普遍。毕竟我们的人生已被如此设定。哪怕做出错误的选择,只要接受适当的启蒙与帮助,就能改错为正,PDCA 循环[1]就是典型。因此我们很难想象除此以外的生活方式,也会将不以这种方式生活的人视为异类。

以"可能性"为前提推演的弱"宿命论"实在便利。如果您能精神饱满地回到京都,便可以说"什么都没发生真幸运";如果发生了什么,则可以说"怎么就选择回京都了,当初应该多考虑一下风险才对"。但是,说出这些话的人无法想象一个人被若干"可能性"包围并与其纠缠的具体感受,更不会顾及在"基于自身意愿进行选择"的压迫下陷入混乱的患者的想法。他们恐怕深信不疑:若是自己,一定会像机器一样做出冷静的判断。

当我看到专家学者针对癌症的替代疗法敲响警钟时,上述感受尤为强烈。这也是我今天想询问您的事。当川岛直美女士和小林麻央女士[2]曾经使用替代疗法的事实公之于众时,许多医生和医疗领域的记者都高声疾呼,呼吁人们一定要选择疗效已经得到证实的治疗

---

[1] PDCA 循环又叫"质量环",是管理学中的一个通用模型。PDCA 是计划(plan)、执行(do)、检查(check)和处理(action)的缩写。
[2] 川岛直美是日本著名演员、歌手,小林麻央是日本著名主持人、演员,两人都因癌症过世。

方法。

"不要靠近那些以奇迹般的事例魅惑人心的替代疗法。""孤例不能作为证据。""就算这些话语出自著名医生之口，也不意味着一定正确。""随机对照试验得到的结果才是最重要的根据。"在这类试图对"一般人"施以启蒙的报道中，洋溢着一股这样的气息：让我们这些理性的人来教你们如何做出合理的选择吧。

但是，他们趾高气扬想要传授的这些科学的根据，也只不过是"可能性"的累积。当患者听说"这种治疗效果最好，但有20%的可能会产生××的严重副作用"时该怎么做呢？当绝对不想让××发生时，如果某种替代疗法号称"能避免副作用"，以强"宿命论"的形式出现在患者面前，又该如何选择呢？如果患者没有选择标准治疗，而是选择了这种替代疗法呢？我们能说这种选择不合理吗？至少我无法说清。

医学人类学的创立人之一凯博文[1]曾说过，当我们身心不适，想要克服病痛时，一般会涉及三个领域。

第一个是大众领域，由家人、朋友和熟人等个人的日常构成，在治疗中起到最重要的作用。患者究竟得了什么病，接下来该怎么处理？关于治疗的选择首先从这里开始，人们会在大众领域做出判断。第二个是专业领域，由国家等权威组织赋予资格的人员构成，

---

[1] 凯博文，即阿瑟·克莱曼（Arthur Kleinman），哈佛大学教授，著名医学人类学家。

这个领域具有最大的权威，能够进行安全诊治的医疗从业者一般都属于这里。第三个是传统领域，是指如草药、正骨等并非权威，却具备独特理论的医疗。

在此基础上，凯博文将囊括三个领域的空间称为卫生保健体系（health-care system），并指出：如果不考虑大众和传统领域在卫生保健体系中的作用，不考虑它们如何与专业领域发生关联，就不可能理解患者的行为。

凯博文是在20世纪70年代提出这一理论的，原封不动地移植到当代社会自然有些勉强。但是当针对癌症替代疗法的批判声四起时，我的脑海中总会浮现出上述理论，随后便会想道：对于癌症患者来说，传统领域给他们带来了什么？专业领域没有给予他们的又是什么？

针对这些问题，人类学家玛丽·道格拉斯给我带来了重要启示。道格拉斯认为，人们并非无法进行"概率论"式的思考，任何民族都会采取"概率论"式的行动。看到鸟类这样活动，就意味着可能会下雨；看到那座山上出现这样的云，明天就可能是晴天。虽然不是基于具体数据，但上述认知也是一种基于经验的"概率论"。对于我们这些无法分析出鸟类活动规律的人来说，"降水概率为30%"的天气预报可以帮助我们相对轻松地做出准确的判断。

在此基础上，道格拉斯提出问题：我们何时能不再依靠此类概率进行判断？她给出的答案是："当我们无法基于过往经验进行判断的时候。"如果降水概率为30%，那么下雨的概率会有多大？就算赶上了下雨，我们也能根据实际情况做出判断。但是，如果医生说，不服用此药的人发生脑梗死的概率是服用此药的人的5倍，我们是无法获得切身感受的。要是再加上一句，"不吃药的情况下，1000人中有10人会发生脑梗死，而吃药后数字会上升至50人"，那么到底算多算少，还是没什么区别，我们也无从得知。经验在这里已经失去了作用。如果医生再说句"发生脑梗死的风险确实会降低，但脑出血会更加容易发生，脑出血的风险会增加百分之××"之类的话，那我们肯定更加抓不住重点。

道格拉斯认为，在这样的情况下，我们做判断的基准会从"基于经验的概率论"切换为"对某人的信任"，进而希望这个人能代替自己做决定。

替代疗法也需要我们从这一角度来看待。癌症患者选择替代疗法前，必定经历过对专业领域的信任崩塌。那时，取而代之给予他们信任和希望的，正是传统领域的医疗人员。在我看来，围绕替代疗法出现的问题进行讨论时，我们不应该从实证主义出发，而是要站在希望与信赖的角度。

替代医学中有着清晰的理论。借用您的话来说，即"经过伪装的、粗杂的强'宿命论'"。您正以此为基础努力生活。采取这样的治疗，癌症就会好转——在既非癌症患者也非患者家属的人看来，这或许就像是漏洞百出、让人哭笑不得的恐怖故事。

但是，对于那些忍受着所谓标准治疗带来的副作用，但情况未能如愿改善的人来说，他们被若干"可能性"包围，摇摇晃晃地不敢向前迈出哪怕一步的时候，强"宿命论"就是他们的救赎。比起标准治疗，替代医学更值得信赖。我并不认为人们走到这一步是不合理的。

从另一个角度来说，人们要求医生进行基于实证的治疗，也给医生带来了相当的压力。有位斋藤学先生，原本是名活跃在一线的急救医生，后来成立了一家名为"GENEPRO"的公司，专门在偏远地区培养医生。斋藤先生崇拜五岛医生[1]，希望自己也能助力偏远地区的医疗发展，无论何时都是心中有热，眼中有光。但是在岛上行医时，他也曾被患者家属关于患者生存期的提问难倒。

在那座岛上，比起在医院，人们更希望在家中照顾病人。因此对于家人和亲戚们来说，病床上的老爷爷和老奶奶的剩余寿命决定了病人何时会被带回家中，那是患者家属无论如何都想获知的信息。但是医生不是神，不可能知道得那么准确。为了想办法回应家人的意愿，医生需要分析终末期病人的症状，观察患者的呼吸次数和尿量，尽全力预测患者还能生存多少天。

患者自己无法判断，因此希望医生帮忙做决定。从某种意义上讲，医生就是为此而存在的。医生的经验比患者丰富，当然更容易做决定，但医生掌握的信息其实也并不是绝对正确的。而且医生做出的决定伴随着责任，还有遭到起诉的危险。

在医疗现场开展田野调查后，最让我惊讶的是医生和护士都十

---

[1] 日本电视剧《五岛医生诊疗所》的主人公，从东京来到偏僻的海岛治病救人。

分严肃地担心诉讼的风险。难道这类诉讼很多吗？我调查了一下，发现医疗诉讼的数量并没有直线上升，也没有出现什么十个人中就有一人被起诉的情况。恐怕是因为个案带来的印象过于强烈，让人不禁将自己带入其中。

有个案例让我震惊不已。一位89岁的老爷爷被医生诊断为没有吞咽问题，结果在短期出院回家休养期间吃糯米团子噎死，医院因此遭到了起诉。为了取得和解，据说院方支付了好几百万日元。

虽然数量不多，但确实存在毫无同情心的患者和家属。如果医生为患者做的诊断出了问题，因此遭到患者起诉……想到这点，医生最安全的做法不是代替患者做决定，而是耐心列举出全部可能性，请患者根据"自己的意愿"来得出结论。

为了不让患者向隐含着强"宿命论"（如：如果选择A就能治好）的替代医学投入时间、金钱与生命，医生要在一定程度上代替疲于选择的患者决定方向。与此同时，即使患者的情况没有好转，医生也不用独自承担责任。我想，我们需要的正是这样的系统。

至今为止，我遇到过许多为患者着想的负责任医生，他们的力量应该在这样的系统中得到更加充分的发挥。当然，肯定会有少数冷血医生恶意运用这个系统，也是件让人头疼的事……

以上就是我对癌症的替代疗法与标准治疗之间关系的思考。您此前一定签署过若干份同意书，那并非出自他人的意愿，而是您自己的意愿。这是一条泥泞不堪的路，您却不时要装作视而不见，一直走到今天。

在这样的过程中，您和您的家人恐怕曾多次被粗杂的强"宿命论"拉扯。您曾经信赖过什么，又曾以什么为希望呢？我想向身为哲学家的您请教，请您告诉我您眼中的癌症标准治疗与替代疗法是什么样子。

曾在三迫拳击俱乐部练习的人类学研究者矶野真穗

2019 年 5 月 5 日

照片中的是小久保先生。我曾问他可不可以写我们之间的对话,他回答道:「那是我送给你的东西,当然可以。」

致与草坪十分相称的人类学家矶野真穗女士：

在代代木公园野餐也太优雅了吧。读了您的信，我自己也跟着激动起来，觉得东京真是不得了。我仍然在京都，今天是附近神社的春季祭典的日子，并没有什么游客来，只有本地人喀啦喀啦地拉着花车前行。队伍里明明有牛车，可不知为什么，宫司¹却坐着汽车在后面跟着。这不是为了给游客表演而举行的祭典，而是为了让人们的日常生活继续向前。

话说回来，这座神社有种奇怪的护身符，被称为"夜须礼人偶"。人们会在折成人形的纸里放入写有"苏民将来"四个字的护

---

1 宫司是日本神社中地位最高的负责人。

身符，把住址和姓名写在另一张纸上，和人偶一起供奉在神社，然后再将"苏民将来"的护身符带回家贴在门上，以祈求去除厄运。这座神社自古以来就因祈祷疫病退散的祭典（夜须礼祭）而闻名，护身符大概也是由此而来。

但是，人偶这种东西总是让人毛骨悚然，而且一想到人偶还会转移人们的灾厄与疾病，就更觉如此。顺带一提，神社会在夏季祓除灾疫的仪式上烧掉这些人偶。因此，自从得病以来，在仪式前供奉人偶不知不觉就成了我和伴侣的习惯。

我们两人原本都不信神，但我的伴侣对这个习俗尤其重视。当然，养成这样的习惯并非坏事，但是每次听到对信仰和迷信一向嗤之以鼻的伴侣说出"得好好供上人偶啊"，我都觉得有些不可思议。

疾病这种东西，虽是降临在我一个人身上的，但又不只停留在我这里。这是理所当然的。疾病会波及我周围的人，而他们的变化又会再次扰乱我。在疾病中"做出选择"的行为本身也存在于这些变化之中。

患癌之后，我从许多人那里获得了各种各样的关照。关西人说起癌症，就会想到他们格外喜欢的"肿块神"，也就是"石切大人"（石切剑箭神社），因此我家里收藏着好几个来自石切大人的护身符。然后就是各种提高免疫力的食物，以及各类来路不明的水。这些东西并不具备替代疗法那么强大的约束力，但又确实属于民间信仰，远离基于实证的医疗方法。在这一层面上，它们与凯博文所说的传统领域相近。

当人们身心不适,渴求治愈时,凯博文提出的三个领域就会被拿出来讨论。如今看来,大众领域、专业领域和传统领域的划分与我在治疗中手足无措的状况完全匹配。不过,三者并非存在于"如何关联起来""发挥什么作用"之类稳定的问题中,而是始终保持着"割裂"与"对立"的状态。围绕替代疗法与个人选择,问题越发凸显。

得知我病情恶化时,家人和周围的其他人做出了不同的反应。母亲在网上多方面搜索信息,亲戚给我推荐介绍最新治疗方法的书,前辈和朋友则给我忠告:"要小心那些奇怪的民间偏方,把标准治疗放在第一位。"总之一片混乱。

其实,随着病情的恶化,留给我的治疗方法不断减少,标准治疗范围内适用于医疗保险的治疗手段已经所剩无几(正确地说,我已经穷尽了标准治疗手段)。多亏医疗进步,保险范围内的标准治疗结束后,有越来越多全身状态尚未完全恶化的患者能够进入临终关怀病房。

这样一来,选择自由诊疗[1]的人越来越多,但这个领域正是"可能性"的荒野。尽管如此,被扔到"可能性"荒野上的我,仍然想保持自己"受过现代医疗启蒙的优质患者"身份,试图做出合理的选择。

---

1 自由诊疗,指在日本的医疗体系中,不适用国民健康保险报销,由医疗机构自主定价、患者自行负担费用的诊疗项目。——编者注

与此同时，母亲依旧拼命在网上不断检索。我无法强求年近70岁的她能正确分辨、理解那些信息，而且在"可能性"的荒野上，既存在替代医学的成功经验与被冠以"最新"之名的治疗介绍，也有来自医疗从业人员的正确科学的启蒙。穿过重重信息后，出现在眼前的则是临床试验说明、各种论证与统计数据，一般人已经完全无法辨析。

在如此混乱的状况中，母亲和亲戚朋友将鱼龙混杂的信息不加梳理地一股脑儿推给了我。"有这种方法哦。""那个好像也不错。"从临床试验的情况到可疑的免疫疗法，看到什么就告诉我什么。我烦得不行：这种连证据都没有的奇怪东西不要告诉我！对于想要做出合理选择的我来说，关于替代医学的话题纯粹就是噪声。

在和母亲一同与大学附属医院的主治医生面谈时，我对母亲的焦躁达到了顶点。医生耐心地讲起了概率的问题，告诉我标准治疗范围内的方法已经穷尽，药物方面虽然并非无药可用，但预计作用不大。然而母亲却打断了医生的话，唐突地问道：

"医生，如果您的家人也是这种情况，您会怎么做？"

这是禁忌的提问。

我在心中喊道：这是违反规则的！

什么算是禁忌，哪里违反了规则？用凯博文的话来解释就能明白。主治医生无疑是属于专业领域的，而我和母亲当然属于大众领域。但是我想在专业领域中做选择，而不是在大众领域。为了做出合理的选择，我必须待在专业领域中。

与此相对,"您的家人"这个问题将医生从专业领域向下拉入了大众领域。然而,因这一问题而下沉来到的大众领域,仅仅是"医生的家人"的所在之处,并非"我"的所在之处。真是毫无意义的问题,对专业人员毫不尊重!我明明准备在专业领域中选择,她却毫无道理地把医生拽进了大众领域!我一时间目瞪口呆。

这件事情发生后,我不再让母亲来医院了。

噪声般的替代疗法我也不想听,因此我尽量不再跟亲戚朋友提起病情。差不多同一时期,伴侣也从亲戚那里听说了各种替代疗法,厌烦不堪。让伴侣卷入我的病情,使我的压力更进一层。若用凯博文的话来说明,就是如下状况:

如果在大众领域中进行医疗选择,情况本来就会如此。"我"要尽量合理地做出决定,排除传统领域,也不和大众领域发生关联。为此,我就必须靠近专业领域。独自检索医学论文,解读让我头疼的统计数据,抛弃大众领域与传统领域,试图与专业领域同化。

结果,我越来越孤独。这就是"优质患者"的样子。

这种"优质患者"与选择替代医学的患者站在一起,恐怕正是两面相对而立的镜子。无法信任专业领域,其结果就是封闭在传统领域之中,并与家人意见相左,进而让大众领域也分崩离析。三个领域相互割裂、对立,大概有不少患者和家属都生活在这样的状况中。

正当我在"可能性"的荒野上苦于如何做出正确的选择,拯救我的是一位与医生结婚的朋友。"你得好好和主治医生聊啊。"

好好聊是什么意思？我已经接受了关于可能性与风险的提醒，接下来只需要我做出决定，还有什么可聊的？当时我十分诧异。

"医生不是观察你身体时间最长的人吗？他可是最了解的人呢。要是不知道该怎么办，你就问他啊。"

我终于察觉到了。

作为一个"优质患者"，我只是去理解各种可能性，对风险表示认同，却从未向医生询问过关于我自己的问题。我之前提出的各种疑问，都只是为了接近专业领域而进行学习和资料收集。面对医生，我从未基于自己的现状说过这样的话："您能帮我出出主意吗？"

这样的问题乍一看和我母亲提出的"医生，如果您的家人也是这种情况，您会怎么做"十分相似，但事实并非如此。母亲的提问是想把主治医生从专业领域下拉到大众领域之中。

那么，我问出的"您能帮我出出主意吗？"是把他下拉到了"我的大众领域"中吗？我并不这么认为。仔细一想，主治医生原本就在"我的大众领域"之中。正如朋友所说，主治医生是长期以来观察我身体状况的人，是最了解现状的人，无论何时都应该站在我的角度帮助我进行选择。

而且最重要的是，尽管主治医生身处专业领域，我们也会在短暂的闲聊和检查身体的过程中交换细微的日常，不断积累共同的时间。"我的大众领域"正是融入这些时间后成立的。

作为医疗从业者，主治医生确实只会告诉我存在的可能性。但是，长期以来在医生注视下的身体和共同度过的时间也是真实的。正如他存在于"我的大众领域"之中，既然他曾与我共度这些时间，哪怕极其短暂、极其微不足道，这些时间都会与他自身的大众领域相连。那么，我难道不是可以相信这些时间吗？这不是来自第三方的数据，而是源于我们相互交叠的时间产生的共性。

"对于现在的我而言，还有哪些可能性？医生您有什么想法吗？"

我第一次提出如此粗杂的问题。

话题轻而易举地打开了。他用宫崎口音告诉我自由诊疗或许可以帮助我做到的事，并且评价了相关的医疗机构："虽然我们这些大学里的人不太推荐啊——"随后，他和他介绍给我的医生取得联系，一起为我寻找治疗方案。

按照自己的意愿做出选择，这对治疗来说不可或缺。但是，我们该怎样明确自己的意愿呢？

在现代社会中，当别人让你做出合理选择时，所谓意愿往往是在理解证据并计算风险与利益后得出的。只要观察概率与数据，意愿就会自动地或是充满逻辑地生成。这种明确自己意愿的过程打着客观性的旗号，将沉迷于分析数据的自己渐渐密封进科学的话语中。

选择这一行为本身确实只有"我"能进行，接受其结果的也是"我"。但是，通向选择的过程，以及在其中的行动并不需要由我一个人来承担。毕竟因为我的病情而发生变化的并非只有我一个人。我选择的结果也不会只作用于我一个人身上。

我周围的人们也一样，必须一边接受出现病人这个变化，一边规划自己的人生。想做什么，期待什么，一切都存在于上述变化之中。因此，在走向"选择"的过程中，我们完全可以对更多人采取开放的态度。当然，我也知道会有人在这个过程中乘虚而入，但是对于患者和医生来说，首先从"独自做出正确选择"的压力中解放出来才是最轻松的。

　　在上一封信中我曾问过："我们真的能做出合理的'选择'吗？"这个问题或许也可以换种说法："我的选择只属于我一个人吗？""我们能独自承担选择吗？"

　　如今，我正怀抱这样的疑问，一项项解决手头的事务。脚下依旧布满泥泞，但我相信，选择带来的变化和困惑一定会被伴侣供奉的"夜须礼人偶"接收。

想在夜晚的街头彷徨的哲学研究者宫野真生子
2019年5月6日

4 | 周造先生

致像修行僧一样生活的哲学家宫野真生子女士：

宫野女士，晚上好。

黄金周终于结束了啊。我很喜欢我的研究生和本科生们，却难以抵挡假期结束带来的无力感。而且从现在起到 7 月都没有小长假，还会迎来学术会议集中召开的季节，连周末也难以休息。我是靠爆发力生活的人，特别不擅长耐力跑，所以特别担心……

读了您的回信，我感觉您就像一名修行僧。因为您在信里说，"医生，如果您的家人也是这种情况，您会怎么做"是禁忌的提问。

说句实话，我真是目瞪口呆：是吗，这种问题不能提吗？医生不是您的家人，这么问可能确实不合适。但是，您的母亲最想问的难道不正是这个问题吗？自己的独生女可能会死啊。她宁可打断医生的话也要问，对吧？不是问什么概率，而是说，请告诉我，什么方法对我女儿最好？如果我是您，我家母亲问了同样的事，我只会觉得"问得好"，然后一起探着身子继续询问。

我不太了解凯博文，也和他的理论交集不深，这么说也许十分不妥，但我想凯博文也会大吃一惊。因为凯博文是在对生物医学饱含批判的语境下使用您提到的那种划分方法的。生物医学的专家仅依靠疫病学和生物学的知识来认识疾病，而凯博文强调的是患者所处的环境是如何遭到忽视，这种忽视又会对患者造成多大的打击。因此从这一语境来考虑，"医生，如果您的家人也是这种情况，您会怎么做"不如说是家属最应该提出的问题。

正如您所说，主治医生是和您共度时间的人，他应该存在于您的大众领域，您也进入了他的大众领域，因此医生或许也会对您问出"我该怎么办？"的问题感到些许欣喜。其他患者肯定提过诸如"如果换成医生您，会怎么做？""到底该怎么办？"之类与医生拉近距离的问题，而您则属于从未这么做过的罕见患者。

您说三个领域构成对立，但是在某些情形之下，三者也可能构成互补关系。黄金周后的第一节医学人类学课上，我请学生们使用凯博文提出的三个领域分析自己在临床和日常中遇到的事，收集到了丰富多彩的案例。

有人为了防止流感在家庭内部传播，不但接种疫苗，还采取了一切可能手段，最终在各种错误尝试后选择信任麦卢卡蜂蜜；有的护士认为在小长假里去医院看病会给别人带来麻烦，于是努力践行在家疗养和替代疗法；还有的电视迷老奶奶不相信家人和医生，只相信电视里的信息……人生的喜怒哀乐都展现在课堂报告中。

收集到的案例中也有关于癌症的替代疗法的内容，从中可以看到两种模式：一种是"绝不相信"替代疗法，只采取标准治疗；另外一种是在替代疗法中获益良多。这里也有值得深挖的地方，但现在暂且不提。请允许我转换话题，因为读了上一封信后，我有无论如何都想向您请教的事。

您放弃尝试替代疗法，劝退提出相关建议的母亲、亲戚和朋友，独自一人研究统计数据，将自己逼入孤独的境地，准备在其中做出完全合理的决定。那样的身影就像高贵的修行僧，一言不发地连续几百天在高野山[1]中奔走，修炼五感，连香灰掉落的声音都能清晰地捕捉到（这完全就是我自己的模糊想象，可能与事实相差甚远）。

写下"这是禁忌的提问"的您让我目瞪口呆，但我同时也回忆起当医生告诉您"可能突然感到不舒服"时，您想到的是"不能给别人添麻烦"。我若是听到同样的话，最先想到的应该不是这件事，而是想和某个人见面啊，想做某件事啊，我的想法应该会更加自我。

宫野女士，您始终认为不能让自己的方方面面侵入他人的领

---

1 高野山位于日本和歌山县，曾是弘法大师"空海"的修行地，现已成为日本宗教圣地。

域，不能扰乱他人。说这是规章制度可能有些夸张，但您一直是如此要求自己的，即使处在生命随时可能结束的极限状态中，您也没有改变。不过我也觉得，这样的生活方式是您守护自己的方式。

所以我认为这实在有趣。修行僧宫野女士堪称"合理性之鬼"，研究对象竟然是关注偶然性的哲学家九鬼周造，而且写出了关于恋爱的书。恋爱主题不仅距离合理性最远，还在人类给他人带来麻烦的行为中排名第三（矶野本人的排名）。况且那本书中还交代了若干次让旁观者深感不解的痛苦恋爱经历（请放心，我不会问出大家最关心的"到底是什么样的恋爱？"这个问题）。

您曾经说过，"身为哲学研究者，想彻底分析如今（患病）的自己究竟身处什么状况"。在试图彻底进行合理判断的过程中，在不会因此停滞的病情恶化中，九鬼周造在您的人生中究竟扮演着怎样的角色？进一步说，在您得知患病以前，周造先生在您的人生中是一种怎样的存在？我完全不了解九鬼周造，如果他曾经在谈论偶然的同时也谈论过命运，还请您为我介绍一二。

啊，对了对了，关于夜须礼人偶，我认为是有用的。在文化人类学中，这类护身符会被归入咒术一类，当人们穷尽一切方法之后，就会将未来的期望寄托于某个具体的物品中。拼命学习的考生参加大学入学考试时用五棱铅笔解题，职业棒球乐天队的前任教练野村连胜时不换内裤（也许只是都市传说）……真切活在当下的人们从手边的细小物品中看到了自己期待的未来，于是对着它们许下愿望。我认为其中不可能不存在力量。

记得现代文课上讲过《"粹"的构造》[1]却只记得自己睡着了的矶野真穗

2019年5月8日

追记 1

有一个叫作"DIPEX JAPAN"的非营利组织，从患有各种疾病的患者那里征集了许多关于健康与疾病的故事并公之于众，其中也包括乳腺癌与替代疗法的故事。不少人对此都抱有怀疑态度，但也有人用积极的态度看待。不知道您会怎么想。

追记 2

在日本，中药既属于专业领域，也属于大众领域。与此同时，有些持有针灸按摩师和柔道康复师国家资格的人也会采用奇怪的治疗方法，因此两者之间的界限十分模糊。此外还有许多问题，例如，癌症的自由诊疗应该归属哪个领域，我们应该怎样看待美容整形？在如今这个能从互联网上获得大量信息的时代，三个领域未必能够明确分开。对此我也想询问您的看法，但关于这三个领域的话题一说起来可能会无休无止，我们还是另找机会再谈吧。

---

1 日本哲学家九鬼周造的代表作。

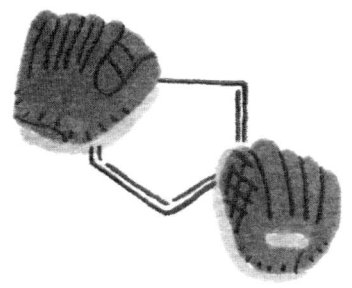

致依靠爆发力生活的人类学家矶野真穗女士：

黄金周结束了，气温也突然上升，一口气吹来了夏天的气息。我最喜欢这个季节，绿意鲜亮，草坪生机勃勃，吹过球场的风让人神清气爽。于是今天我来到了广岛。我当然是来马自达球场看东洋鲤鱼队比赛的，无论多忙，或是身体多么不舒服，我都不会放弃这项安排。这不仅是因为我想给鲤鱼队加油，更是因为我热爱棒球这项运动。

经常有人问我为什么如此喜欢棒球，每次我都会回答："因为很美。"我当然期待鲤鱼队获胜，也经常折服于选手们的身体能力。但是最让我欲罢不能的，还是比赛中不时出现的、诞生于"此刻"并与我偶然相遇的瞬间之美。通过研究九鬼周造的哲学，我发现那

周造先生

种美的来源正是"偶然性"。

我有种预感，这次的信会比之前的更加抽象，更像一个哲学研究者所写。哲学研究者本来就是这样的存在，不过在这里，我想姑且思考一下生存在合理性和偶然性之间的人究竟是什么样子。

我真的是"像修行僧一样的""合理性之鬼"吗？我已经隐约注意到自己一个劲儿想当好"优质患者"，严格区分三个领域，尊重医疗从业者的专业领域，并努力不介入其中。这样的我一定属于少数派。

我一直自负地认为自己在医生眼里一定是个"容易沟通的优质患者"，但是到头来，我可能只是个在现代社会的启蒙下擅长学习的优等生（哎呀，我没有说您不是优等生的意思）。这是尽量客观判断风险与收益的、以合理性为准则的资本主义生活方式，大概也是为当今社会所认可的生活方式。但是，我并不认为自己喜欢这种生活方式。

如果用一句话来概括基于合理性的资本主义生活方式的最大特征，那就是对"掌控"的渴望。我们生活在被流动的时间贯穿、不断变化的世界中，每个个体也在一刻不停地改变。可以说，正是"不知道接下来会发生什么变化"的不确定性，才构成了所谓的未来。

可是，一想到自己将被一无所知的未来左右，人们就会心里没底，无论如何都想增加一份安心。为此，人们驱动理智，试图预测未来可能会发生的事。古人凭借经验预测第二天的天气，现代人则已经能通过气象卫星的画面和统计数据获得精度极高的预报。只要能在一定程度上依靠预测掌握周围环境的变化，人们就能为接下来的行动作出计划。

明天的降水概率是80%吗？那穿白色连衣裙就不合适了，还是穿淋湿了也没关系的藏青色半身裙吧（要考虑风险）。风力应该不强，万一预报有误，带大伞可是个麻烦，还是带折叠伞吧（风险与收益的计算）。

就这样，我们基于概率预测未来，计划自己的行动。变化中的世界不断向前，向着依据客观概率预测的前方驶去，而生活在流动时间之中的我们，也朝着基于预测制订的计划前进。在安心的、安全的每一天里，我们都想从这个世界中剔除那些自己不明白或无法控制的东西，这正是所谓对"掌控"的渴望。我渴望的不是不确定的未来，而是已被预测的目的地。即使发生了预想之外的事，也要尽量提前做好应对的准备。

这样一来，世界不再是前途不明的荒野，而是逐渐成为经过人为规划的空间。当然，如果自己做了计划，就必须自己进行准备，也就是事先获取各类信息（包括风险），做好万全对策，尽量不给别人带来麻烦。

我一边阅读您的信，一边再次痛感我这个人真是彻头彻尾浸在现代社会里长大的。但是呢，正如您所知，我也有另外一个侧面。您应该从主办文艺共和国会议的独立学者逆卷先生那里听到过吧？

"没关系，宫野女士只会做自己想做的事。"

周造先生

没错，每次遇到看对眼的人和事，我都完全不去计算危险和利益，只顾着先冲上去再说。例如与您第一次见面的文艺共和国会议时也是如此，那段时间我频繁去往医院，日程排得很满，几乎没有空余时间。如果进行合理的判断，那么最好还是充分休息。但是当时我想"见见矶野女士本人"，于是选择来到会场。当然，那时我根本没有想到未来会有这么多与您共事的机会，只觉得认识您应该会很有趣，便忠实地顺从了自己的欲望。

回顾过去，我曾经是个每次收拾书包都要反复确认的谨慎孩子。然而有些时候，我会突然对这些准备和整理变得毫不在意，想要破坏一切，做出逸出常轨的事来。

恋爱正是逸出常轨的代表。您在信中写道，恋爱"不仅距离合理性最远，还在人类给他人带来麻烦的行为中排名第三"。说句实话，恋爱还真是距离合理性最远的东西啊（顺便一提，恋爱确实会给他人带来麻烦，但我认为，为了不给他人添麻烦，像九鬼周造提出的"粹"一样的恋爱"技术"是存在的）。

恋爱这种东西是意志难以控制的。喜欢上哪个人，将来会变成什么样，一切都无法预测，只能忠实于当下的欲望。这里有放弃合理性带来的充满快感的恐惧，有只遵从当下瞬间情绪的单纯，也有破坏一切的战栗冲动。

两种态度矛盾重重：是彻底遵循被充分合理预测的未来，做好计划稳步前进？还是破坏一切，只活在当下的瞬间？在这两种极端的态度之间，年轻时的我曾摇摆不定。整理好了又破坏，破坏掉了又因不安而痛苦，便再次决定遵循合理性生活。但是，还会再次放弃。

在这样的循环中，我遇见了哲学，心里轻松了一些。矛盾到底是什么？哲学——尤其是九鬼周造的哲学——完美地为我进行了说明。当然，就算接受了说明，也并不意味着能够顺利生活下去（否则我就不会成为"合理性之鬼"了）。

事到如今，我已经想不起来第一次邂逅九鬼的书是在什么时候了。顺便一提，让您"睡着了"的《"粹"的构造》，我在第一次阅读时也不觉得有趣，认为它就是一部稍显华丽的日本文化论。不过，阅读他的主要著作《偶然性问题》时，我只记得自己曾这么想过："这是什么书啊，真奇怪！"全书明明具有非同寻常的逻辑性，却在最后轻易承认了偶然性这个不合理的极致，其中的跳跃性让我目瞪口呆。但是，我从九鬼那里学到的正是这种跳跃的方式。人试图依靠合理性生活，但总有无法做到的时候。在那种情况下，就"跳出束缚吧"。

要说这本《偶然性问题》哪里奇怪，当然在于题目用了"偶然性"这个词，书中却迟迟不出现对"偶然性"的定义。首先，书中解释了"偶然性"的反义词"必然性"。在思考事物时，我们需要一定的脉络和框架。例如"苹果是水果的一种"啊，"要想减肥必须运动"啊，"苹果掉下来是因为重力"之类的，都要放在一定的框架内去理解。

我们思考的框架，包括全体与部分的分类，目的与手段的考量，原因与结果的探究。与思考的脉络相一致的框架被称为"必然性"。我们基本是在必然性的基础上"合理地"理解这个世界，并试图预测未来。如果未来可以根据既定框架推导出来，就会让人安心。理性的人正是如此分类、整理这个世界，使其安定下来，然后不断进步。

九鬼对这种必然性进行了穷尽式的说明。乍一看无法发现必然性的东西（也就是偶然性）——例如四片叶子的三叶草，仔细思考也能找到原因。在穷尽必然性的话题后，九鬼突然说道："但是，无论怎么追查原因，也会有不明白的事啊。"比如从一般的三片叶子的三叶草来看，四片叶子的三叶草是例外的"偶然"事物。但是，三叶草之所以长出四片叶子，有的是因为刚出芽时就被人踩踏，有的是因为光照太差或营养过剩，可以列举出多种原因。

可是，为什么偏偏是眼前的"这株"三叶草有四片叶子呢？我们最终能确定背后的原因吗？如果是被人踩了，那么为什么有人正好在刚出芽的时间点走过呢？如果有人走过，为什么会精准无误地踩到叶片特定的位置呢？就算被踩，若光照充足，它或许也能正常地成长，可为什么就赶上气候不佳呢？究其根本，为什么种子会落在这种地方呢？

我们事后能够找到最合理的原因，然而那些原因为什么会在"这株三叶草"上以"现在这种形式"汇聚起来？关于这一点，九鬼认为只能归结于"各种时机恰好重叠在了一起"。毕竟种子有可能不会落在这个地方，就算落下，也有可能赶上光照充足的时间段。但不知为何，上述情况都没有发生。这些原因像是浓缩一般聚集到了"这株三叶草"的"现在这种形式"中。无论是谁，都已经无法查明导致浓缩、聚集的必然原因，只能归于"偶然"。最终，一切事物的根本都是谜团，无法说明事物为何会发展成当下的状态。

我们自己的存在也是如此。与父母的相遇啊，母亲怀孕期间的身体状态和后来的营养管理等，都属于背后的原因。但是，为何会以如今这样的形态将那些原因组合起来，就说不清楚了。九鬼模仿德国哲学家谢林，将这种终极谜团称为"原始偶然"。

在九鬼看来，站在原始偶然的角度思考，我们生活的现实最终是无法被称为必然的。

当然，追求已发生之事的原因，为即将到来的未来做准备，以理性思考十分重要。但是，既然流动的时间内会发生多样的变化，那么各种原因在下一个瞬间会怎样组合，若干支流在此过程中将会怎样汇聚，是完全无法事先决定的。

各种各样的原因偶然重合在一起，"当下"由此诞生，未曾预想的全新未来逐渐展开，我们生活的现实不就是这样形成的吗？九鬼认为，面对未知的未来创造出"当下"的正是偶然，因此偶然是"现实的生产点"。

尽管如此，九鬼并不是在说"追求合理性也没用"或"必然性没有意义"。他的《偶然性问题》就是从分析必然性开始的，我们这些理性的、希望合理地生活的人竭尽全力追求必然性，试图在流动的时间中掌控不断变化的世界，祈求人生的安定。人们在这样的过程中取得进步，构建社会。

不知该说是讽刺还是有趣，正因为具备这种理性，人们才能察觉到偶然性。正因为要追踪原因，追求条理，才能发现脱离轨迹的事物。如果没有合理性，就无法体会到破坏合理性后产生的充满快感的恐惧。同理，如果无法预测"应该会变成这样"的必然性，就无法对"怎么会这样"的偶然性感到惊讶。一边是追求合理性的生活方式，另一边是让人无计可施的、潜藏在现实脚下像谜团一样的偶然性。我们就生活在这两者之间。这是《偶然性问题》带给我的强烈感受。

然后，就是棒球。

观看棒球比赛，就会经常看到不可思议的事情发生。竟然打出全垒打了？球竟然往那个方向弹了？把全垒打单纯视为偶然，对努力训练的选手确实有失敬意，那或许是必然的结果。而对另一方来说，不规则弹出的球则属于厄运般的偶然，要是将其归于必然，选手就太可怜了。

但是，两者其实都存在于偶然与必然之间，或者说，是存在于必然前方的偶然。为了打出一次全垒打，击球手确实经历了日复一日的努力，分析投手的数据，长期准备至今。尽管如此，那一瞬间出现的全垒打仍然不能完全算作必然。投手指尖细微的偏差，击球手挥出球棒的角度，以及当天的风力、气温或湿度，这些要素在那个瞬间偶然地汇集在一起，全垒打就此诞生。球的不规则弹跳也是如此，无论准备多么充足，无论怎样去预测击球方向，球还是弹向了预料之外的地方。

各种各样的条件如同一股股细流在那个瞬间"邂逅"，偶然生成了"当下"。每次遇到那样的比赛，我都惊讶于现实竟然是这样形成的，同时也在其中感受到了美。这份美既是现实诞生的瞬间之美，也是接受那个瞬间的选手们的强大之美。尽管现实最终被偶然左右，但选手们从未停止努力和准备。他们明白有些事情是自己无能为力的，但仍然挥动球棒，伸出手套。他们追求必然，预测局势，试图控制自己，但是到了最后的最后，他们也只能接受世上发生的一切。这是一种相信未知世界并愿意放手的强大。这些强大的选手是我憧憬的对象，目睹"当下"诞生的瞬间，我经常忍不住热泪盈眶。

疾病带来的不安让我试图通过理性来预测未来，保护自己。我尽量不让自己陷入混乱，希望能独自处理一切。在红色海洋般的马自达球场，我才恍然发现，自己曾经丢失的，正是对世界的信任和将自己抛入"当下"的勇气。

擅长按计划分配体力进行长跑的哲学研究者宫野真生子

2019 年 5 月 13 日

追记

心怀对世界的信任，将自己抛入"当下"，由此创造偶然。这样的状态非常美妙，我也想过上这样的生活。但是一旦将自己抛入这种偶然，就有可能将周围的人牵扯进来，不能再靠个人选择解决问题，这就是接下来我要面对的现实。将自己抛入恋爱的偶然与自己患病后牵连周围的人，这是两种截然不同的情况。对于长期研究偶然性哲学的我来说，这是现在最大的烦恼。

整理在马自达球场拍的照片时发现了一张时间有些久远的影像,是黑田博树选手从美国职业棒球大联盟回来后代表球队出战的第一场正式比赛。

5

厄运与巫术

致研究周造先生长达 20 年的哲学家宫野女士：

  明天在日本初级卫生保健联合学会学术大会上有一场 HPV 疫苗专题研讨会，我被指定为其中一名发言嘉宾，所以现在正赶往京都。昨天晚上，您向我介绍了那么多京都的美味，以帮我脱离每次学术会议前都必然到来的"学会抑郁"，真是感激不尽。托您的福，会前准备已经顺利完成，我带着比想象中更加雀跃的心情踏上了旅途。

  我和您在体育中获得的感受完全相同。而且我经历过认真投入体育运动的时期，因此特别喜欢那种尽力准备后将自己全身心投入正式比赛的期待感。体育竞技大都是强者获胜，但不到最后是不知道结果的。这与生活多少有些相似，人们可能正是因此被体育运动所吸引。

那么，让我来谈谈读了上一封信后的想法：我们该如何对待厄运。您在上一封信的最后这样总结道：

> 疾病带来的不安让我试图通过理性来预测未来，保护自己。我尽量不让自己陷入混乱，希望能独自处理一切。在红色海洋般的马自达球场，我才恍然发现，自己曾经丢失的，正是对世界的信任和将自己抛入"当下"的勇气。

正如您所写，这样生活非常潇洒，我也同样向往。但是听说了您的现状，连主治医生都迟迟无法给出您接下来的治疗方案，我不禁怀疑将自己抛入这种"当下"之中究竟会是怎样的感觉。说句实话，现在的我完全无法想象。

以认识您为分界点，我对癌症的感知发生了彻头彻尾的变化。

在认识您之前，癌症这种疾病对我而言只是个概念。如今我才意识到，我曾经在不知不觉间形成了"癌症能够被冷静、理性地分析"的印象。而在认识您之后，癌症在我心中变成了一种伴有更多感情的疾病。我几乎每天都会想：您患上癌症，变成现在这个状态，简直太没有道理了（偶然也会有忘记的日子，很抱歉……）。

在事业蒸蒸日上时患上癌症，毫不理会那些可疑的替代疗法，保持合理判断，认真完成工作，在医生眼里大概也是个容易沟通的患者。这样的您病情恶化，实在让人难以理解。我不得不承认，每次在车站或路上看到那些毫无公德的人，或是言行卑劣的人，我都会怒火中烧："快把你们的命换给宫野！"

所以今天，我想在这封信里谈谈文化人类学中十分著名的巫术。对巫术最广为人知的阐释来自英国文化人类学家爱德华·埃文思 – 普里查德（以下简称"埃文思"）的《阿赞德人的巫术、神谕和魔法》。在这本书中，埃文思提到阿赞德人将一切厄运都归咎于巫术。

被树桩绊倒要怪巫术，水壶碎了要怪巫术，田地收成不好要怪巫术，孩子染上热病要怪巫术。有人在仓库下方乘凉午睡，仓库倒了，此人受伤，也要怪巫术。一切厄运都是巫术的错，因此在阅读这本书的前半部时，我总是忍不住想笑。不过在进行上述阐释后，埃文思表示，能将厄运归咎于巫术的情况其实是有限的。

有人之所以能将被树桩绊倒归咎于巫术，是因为此人明明像往常一样小心翼翼地行走，却被木桩绊倒受伤，而且伤口一直化脓无法治好，不像以前受伤时那样很快痊愈。水壶碎裂也一样，不是单纯地碎裂，而是在制作方法并未改变的情况下碎裂。这是将厄运归咎于巫术的必要前提。

我想您应该已经明白了，当厄运的原因是怠慢、过失或违背伦理的行为时，就不能将其归咎于巫术，而是个人的责任。只有在经过充分的努力或准备却依旧遭遇厄运时，人们才会使用巫术加以说明。

关于巫术的功能，埃文思进一步用明快的语言进行了深度阐释。

巫术的作用是："填补缺失的环节"。阿赞德人知道仓库倒塌是因为白蚁啃食柱子，也知道以前曾经发生过同样的事。但是他们会继续追问：为什么仓库会在我跑到下面休息的时候倒塌？为什么不是在我休息结束之后？在仓库下方休息和白蚁导致仓库倒塌，两件各自独立的事为什么会在那个瞬间同时发生？这是无法用科学说明的。于是，巫术会填补这一缺失的环节——正因为巫术存在，这两个原本独立的现象才会同时发生。

科学负责说明"如何"，巫术负责说明"为什么"，这就是文化人类学家的结论。

巫术还有一点有趣之处，即被施以巫术的人对自己的行为并无自觉。阿赞德人认为任何人都可能成为巫术师，而且不知道自己何时会以巫术师的身份遭到追究。因此几乎没有人由于被认定为巫术师而遭到周围排斥或问以重罪。不幸的原因会被仪式化地逐渐消解（顺带一提，这是埃文思描述的阿赞德人的巫术，并非所有巫术都是如此）。

巫术是一种相当卓越的消解不幸的方法。人们一旦遭遇不明所以的不幸，便很想知道其中原因，有时还想尽量把错误推到他人身上。遇到那样的情况，我们的社会只会相互感叹："运气真不好。""这就是命。"但巫术可以将不幸的原因推至自身之外，而原因本身也不会受到过度追责。这就是巫术的结构。再加上每个人都可能成为巫术师，所以不幸的原因会分散开来。在这个意义上，巫术具有将厄运巧妙地扩散至整个社会并使其消解的力量。

反观我们的世界，不知是谁带来的不幸或是被强行归咎于某个人，或是被归咎于自己，这种情况时有发生。

被麦当劳的咖啡烫伤就是麦当劳的错，老爷爷短期出院回家休养期间吃糯米团子噎死就是医院的错，得了流感就是没有打流感疫苗的错，患上癌症或糖尿病就是生活习惯不好的错。

因此而受到责备的人们不仅会出现身体上的不适，还必须忍受社会上的指责带来的痛苦。任何不幸的发生都必有原因，而且都必能通过合理的判断来避免——这种现象或许可以被称为现代社会的信念带来的不幸。

将无计可施的不幸转换成所有人都能接受的形式，将责任分散到整个社会。如果把阿赞德人的巫术与我们社会的结构相对照，就可以发现巫术其实是相当便利的装置。不过我也在想，巫术能在多大程度上拯救那些陷入不幸的人呢？埃文思在书中介绍了孩子患热病死亡被归咎于巫术的事例，然后便着眼于阐明巫术在社会中的功能，并未叙述孩子的父母在将死亡归咎于巫术之后的境况。

当然，在阿赞德人的社会中，孩子死亡的情况比我们现代社会常见得多，因此父母对此的感情可能也有所不同。但我认为他们不可能不伤心。简而言之，他们之所以搬出巫术，难道不正是因为他们无法自主理解那份不幸吗？

这么说非常失礼，但我感觉您的情况正是一个非常标准的"巫术案例"。当然，依照如今的医学见解，可能会说您年轻时饮酒过度增加了患癌风险。但是年轻时爱喝酒的人随处可见，并非每个人都会变得和您一样。为什么偏偏是您在这个时候陷入这样的境况？谁都无法说明。引用您上次所说，这应该就是谢林提出的原始偶然。但是这么分析下去，究竟又会得出什么结论呢？

在我看来，您的哲学始终以"偶然"为关键词，足以为您现在的状况提供语言上的说明。因此我想问您，您是如何运用自己的哲学来描述您的现状呢？从中您看到什么了吗？

我很喜欢文化人类学，也很喜欢从属其中的医学人类学，但有时我也会想，这不就是一种摆弄概念的语言游戏吗？我想听听您从自己的身体经验出发的看法。

用食物克服学术会议抑郁的医学人类学研究者矶野
2019 年 5 月 17 日

在京都,我来到了宫野女士介绍的咖啡厅。这真是家好店,风吹得很舒服,窗外鸭川的风景也很棒。

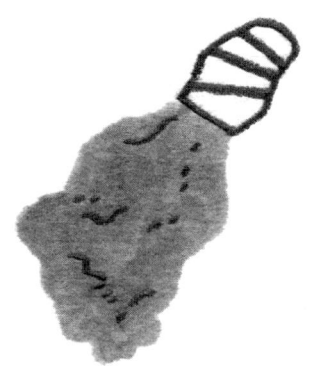

致尽享京都出差的矶野真穗女士：

会议发言辛苦了。我这周末也因为参加学术会议来到了东京。自从您告诉我之后，从羽田机场到东京市中心时，我乘坐机场巴士的时候更多了。虽然高速公路很快就钻入了地下，十分令人感到遗憾，但透过车窗看到的都心风景总是让我着迷。我长期住在京都，并不习惯人们密集地居住在高大的建筑中，因此这样的风景对我来说甚至有一丝威胁（仔细想来，就连刚到福冈的时候，我都曾惊惧于那里的大量公寓）。

雨后春笋般生出的高层建筑群，紧邻高速公路的窗户密布的公寓，到底有多少万人居住在这里啊？这样的想象让我头晕目眩。无数喜怒哀乐在如此狭窄的空间里发生，大家一边焦躁地想方设法应对,一边生活在其中。不知该说是由此产生的力量还是韧性,总之人们的生命力让我深感震撼。

大家都是怎样接受各自人生中发生的事并生活下去的呢?是哭泣哀号,还是怒火中烧?但在我看来,我们所处的社会中,将一切"搅乱"后继续安稳生活的人很少。为了度过日常,为了让生活平稳地继续,一旦发生情况,人们就会调查原因,验证过程,据此反省或放弃,或转化为未来的经验,让忙碌的日常不至于浪费。每个人都是具备自主意识的责任主体,必须在这个基础上经营自己的人生,因此,万事合理才是最重要的。

上述生活方式的前提在于,这个世上发生的一切都必然存在原因,分析过程便能解明原因,便能将责任归于特定的人或事。但是正如您指出的,这种追求合理性的态度会让特定的人背负上受到指责的痛苦,有时还会将我们逼入绝境。

但是,在我们生活的世界上,不是所有事情背后都存在清晰的原因,也有莫名其妙的事情突然发生的时候。那种时候我们该怎么办?比起将原因强硬地归于特定的人或事,巧妙地分散开来不是更好吗?作为方法上的参考,您向我介绍了埃文思-普里查德对阿赞德人的考察:

> 巫术的作用是:"填补缺失的环节"。……科学负责说明"如何",巫术负责说明"为什么",这就是文化人类学家的结论。
>
> (中略)

但巫术可以将不幸的原因推至自身之外，而原因本身也不会受到过度追责。这就是巫术的结构。再加上每个人都可能成为巫术师，所以不幸的原因会分散开来。在这个意义上，巫术具有将厄运巧妙地扩散至整个社会并使其消解的力量。

"在两个独立现象同时发生时，巫术起到了填补缺失环节的作用。"这与九鬼在《偶然性问题》中对偶然性的表述完全一致。九鬼将此命名为"独立的二元邂逅"，以强调概率式的思考完全不可能把握作为"独立的二元邂逅"的偶然。

提起偶然，我们很容易想到掷色子时有多大比例能掷出"1"这类概率相关的话题，但概率说到底只是一种客观的可能性。与此相对，偶然性，则是指某种可能性突然降临到"此时此刻的我"身上——一种"遭遇"/"邂逅"/"相遇"，以及在"当下"所带来的冲击感。

巫术用独特的话语提示"缺失的环节"，以此说明相遇的原因，缓和相遇带来的冲击。另外，偶然性虽然是"缺失的环节"的提示，但仅仅表现了"当下"的相遇带来的冲击，绝不会为人们说明原因。毕竟偶然性是必然性的否定，也就是"绝对不应该出现的情况不知为何偶然出现了"。人们不明白其存在的根据，也就无法进行更多说明，只能得出结论：明明可能不会发生，却不知为什么发生了。

借用九鬼的说法，偶然性就是"位于有与无的接触面上的极限

厄运与巫术

存在"。因此，在《偶然性问题》中，他反复提及偶然的无根据性、短暂性和不可知性。在某种意义上，这或许可以说是一种毫无责任感的态度，只把事实原封不动地抛出去便不再理会。正因如此，认真勤勉的哲学家们（我并不是说九鬼不认真）才一直躲避偶然性。在他们看来，偶然性就是边界点，是"理性的深渊"，而不是学问的对象。

或许有人想问：不断论述未知事物有什么意义吗？但是这一点十分重要。您在上一封信的最后曾经抛给我这样的问题："您是如何运用自己的哲学来描述您的现状呢？"在我看来，这个问题的答案与不断论述未知事物的意义密切相关。

这次阅读您的来信，有好几个词语吸引了我。一是"自主理解"，二是"厄运"和"不幸"。

关于我的癌症以及病情的恶化，您说"实在让人难以理解"（非常感谢）。您为此愤怒，感到不合情理，是因为您无法明白"为什么这一切会发生在宫野身上"。但是，想要"自主理解"那种不明不白的事，难道不是困难至极吗？

在这里，我想到的是"自然理解"一词。"自然理解"与"自主理解"看起来相似，实际上却完全不同。当我们看到十分合理的理由，或得到相关经过的说明，完全接受其过程时，我们就会毫不勉强地自然接受某件事。这并不意味着我们只知道一部分相关信息，而是意味着我们在事件的整体中感受不到任何不协调，这正是所谓的"自然理解"状态。

与之相对的，在"自主理解"时，我们会感受到不协调。"自然理解"的情况下能够顺利消化的事件此时无法消化，因此我们会想尽办法。然而，消化是能通过自身努力实现的吗？就像吞下了必须吃掉的食物，胃中会残留不快感，消化不良也会带来不适。从您"实在让人难以自主理解"的话语中，我感受到了一种没有胃药的帮助就无法消化的堵塞感。

我们的人生中经常会出现"无法自然理解"的事（因此很难"自主理解"），毫无理由发生的偶然事件就是其中的代表。偶然事件中有正面事件（例如恋爱中的相遇），有单纯令人感觉惊讶的中立事件（偶然遇到了朋友之类），也有明显的负面事件（灾害或事故）。我们可以把它们替换成三个词：幸运、偶然、厄运。对我来说，患上癌症并出现恶化无论怎么描述都是负面事件，是厄运。

然而，我不幸吗？我一边阅读您的信，一边陷入了思考。

问："我不幸吗？"

答："我遭遇了厄运，但并非不幸。"

您也许会想：患病难道不是不幸吗？在读到您的信之前，我从未感觉自己不幸。当然，如果没患癌症，我可以长期驻外研究；如果头发没有因治疗的副作用脱落，我就能自由地泡温泉、游泳。我的选项比其他人少了，而且是源于从未预料的疾病。所以我每天也会生气："这都是什么事儿啊。"

换句话说，当我想要做什么时，前提条件比别人更加严苛，可能性受到了相当程度的限制。这当然不是我自己设限，而是名为疾病的厄运单方面施加的限制。不过，好也就好在这"单方面施加"上。正因如此，我在怒吼"这都是什么事儿啊"之后，就会想"我才不管呢！"。如果是自己设定的东西，那么还是严格遵守比较合适。可是疾病的限制是不容分说被强加的，我没有必要老老实实待在里面。唯唯诺诺接受强加于自己的东西并被束缚其中，是谁规定必须这样的？

因此，我又是焦虑该怎么出国，又是绞尽脑汁思考去游泳的方法。到头来，我并没有百分之百接受自己是癌症患者的事实。我确实患有癌症，但癌症不是我的全部。我一边对患癌的厄运感到愤怒，一边焦急地想从厄运中夺回自己的人生，重新塑造，这就是我说自己没有百分之百接受自己是癌症患者的原因。因为选择了这样的生活方式，我一直拥有着相对充实的人生。即使存在限制，即使遭遇厄运，但在没有放弃人生这层意义上，我并非不幸。

在厄运的敲打下，面对他者告知的原因，有人接受了一切不合情理的现状，变成了百分百患者。当然，他们可能不是发自内心地接受，但愤怒毫无用处，只要有相应的原因和结果摆在眼前，他们便会觉得还是老老实实顺势而为更加合理。

可是，顺势而为意味着将自己的存在固定在"患者"这个身份上。到了那时，人就会抛弃自己的人生。不幸难道不就是诞生于这个瞬间吗？当一个人接受名为厄运的不合理现状，人生逐渐被固定起来时，不幸的故事就开始了。

当我开始思考厄运与不幸时，我最先想到的是已经去世的父亲。请允许我按时间顺序梳理一下情况。

我最初发现患乳腺癌是在2011年秋天，后来又出现了肝癌转移复发。在我复发前不久，父亲查出了胃癌。由于已至晚期，难以治疗，仅仅坚持了一年，父亲就在2014年夏天去世了。

得知自己罹患癌症后，父亲说了句不可思议的话："你得癌症，都是爸爸的错啊。"父亲的母亲（我的奶奶）也是因胰腺癌去世的。在父亲看来，我只是恰巧比他更早查出癌症，但终究是遗传的结果。我年纪轻轻就苦于癌症的复发，在不幸中痛苦挣扎，这一切都是他的错，他感到十分抱歉。

我当然立刻否认。胃癌和乳腺癌完全不同，而且早在检查阶段，医生就已经告诉我，我得的并不是特定类型的遗传性乳腺癌。也许某些遗传上的生物特征是我患病的原因之一，但是癌症如今降临在我身上并复发，与父亲没有任何关系。而且就算特定的遗传性特征会导致癌症，也并非所有人都会发展到这一步。说起来，这只是厄运般的偶然。

然而，父亲说出那句话时，表情既透出深切的悲伤，又带着充分的理解，仿佛终于明白了女儿患病的理由，父亲终于"自然理解"了现状。我反复告诉他"没有这回事"，但父亲似乎完全没听进去。"我们是癌症家族啊，真对不起，爸爸好难受。"自己的女儿不幸地（而非厄运般地）患上癌症是他的错，而他自己患上癌症则是因为家族遗传。父亲就这样逐渐接受了他自己患病与我病情恶化的事实。

然后，他变得十分衰弱，仿佛只剩下癌症患者这一种身份，越来越像个病人。看到这样的父亲，我既焦虑又有些生气。他以"癌症家族"为由全盘接受了自己的病情，也因此减轻了心理负担。对此，我没有否定的权力，但是父亲时常会向我投来抱歉的目光。在父亲的理解中，我是"生在癌症家族的可怜女儿"，但我无论如何都不想被卷入这样的故事中。每次看到父亲抱歉的目光，拒斥感就会涌上心头。

您在信中问道："他们之所以搬出巫术，难道不正是因为他们无法自主理解那份不幸吗？"如果让我给出回答，我会说巫术消解的最多只是厄运，而且还容易加深不幸。

的确，巫术说明了孩子死亡的原因。对于生活在那个文化圈的人来说，说明原因的形式具有充分的解释力，人们不得不接受，尽管悲伤并不会因此消解。何况那样的说明仿佛连悲伤都能解释清楚，"失去孩子的可怜母亲"这类存在共情可能性的角色有时或许还能唤起周围人的共鸣。在这类故事中，母亲并未因厄运而愤怒，也没有控诉状况的不合理，而是接受了自己是遭遇厄运的可怜人的角色，这让我十分担心。

但是，我们必须如此唯唯诺诺地接受厄运，达到"自主理解"吗？我认为不用。如果觉得一切不明不白，不合情理，那么生气就好。如果不想接受，那么去抗争就好。

然而，当看似合理的说明形式或简明易懂的故事展示在我们眼前时，我们就必须接受，这是现代社会中仍然顽固存在的观念。最重要的是，接受意味着合理和轻松，哪怕结果是让自己加倍辛苦。毕竟与未知对峙实在艰难，保持愤怒也不容易，因此我们便会依赖"被他人安排好的认知"，顺势而下。

但是，我们无须具备这样的认知。

面对未知，想要夺回自己，我们就必须提问：这究竟是什么？您曾说自己所做的学问或许只是一种语言游戏，但能对抗语言的只有语言。要站稳脚跟，不被浅薄的故事裹挟，要具备质疑未知的能力，要拥有夺回自己人生的强大，这些都是哲学给予我的东西。

对东京抱有憧憬与恐惧的哲学研究者宫野真生子
2019 年 5 月 20 日

追记

这个回答是否"从我的身体经验出发"，我不太有自信。但是，因无法"自然理解"而愤怒时，那些话语确实是从我的身体里生出来的。

6

转换与飞跃

致像使用猫条一样熟练使用吗啡的哲学家宫野真生子女士：

    晚上好，我是矶野。现在是凌晨2点18分。说到为什么要在这个时间写回信，是因为我过于烦恼睡不着觉吗？不是的。正确答案是我睡得太早了。不过我也不是傍晚6点就睡下的，钻进被窝大概是在晚上快到10点的时候。最近我发现自己只要9点前入睡，凌晨1点到2点间就容易醒来。而且不可思议的是，一旦我将近半夜12点才睡，便能一觉睡到天亮。可只要不是特别疲惫，我早上5点就会醒。"难道我是短睡眠者？"最近这一两个月，我的关注点一直在此。

    那么，关于今天的回信，我想从道歉开始。

    真的很抱歉让您提出"我不幸吗？"这种您从未想过的问题。

最初我不太明白您为什么要如此设问，便重新读了一遍自己的回信，结果发现我从回信中段开始混用"厄运"与"不幸"，在提及鸭川那家咖啡厅之后则只使用"不幸"一词。随后，我将您的现状对应到巫术的框架当中，便收笔寄信，最终导致您提出了"我不幸吗？"的问题。

在与您的对话中，我始终认为自己从未想过您是不幸的。然而重读回信，我写的内容怎么看都不是那么回事。在脑海中的某处，我大概就是那么想的。不严谨地说，面对朋友说出这种话的人已经堪称社会性死亡了，因此这一周来，我一直有种"我已经完了"的感觉。

事已至此，为了给您回信，我还是决定先确认一下埃文思是如何使用"厄运"与"不幸"这两个词的。我手头只有日语译本，翻译可能存在偏差，但关于巫术的记述使用的几乎都是"厄运"。不过偶尔也有替换成"不幸"的时候，也就是关于死亡的部分。

回想起这件事，如果我一直将"仓库突然倒塌导致受伤"作为巫术案例来讲述，或许"不幸"这个词就不会无意间混入叙述。然而，在撰写回信时，我脑海中始终萦绕着因热病失去孩子的父母的故事。这导致"厄运"在行文过程中不自觉地转换为"不幸"，甚至直到被人指出才意识到问题所在。

读了您的回信，我也尝试去思考"不幸"与"厄运"的不同之处。如果将厄运视为点、不幸视为线，思路便豁然开朗。仓库在有人休息时倒塌属于厄运，但这件事究竟意味着什么，完全取决于当事人将它置于人生中的什么位置，它既可能是不幸，也可能是笑谈，还可能是微不足道的小事。在这个层面，厄运的生成来源于人，是人将厄运与其他可能性排成一排，然后将其指认出来。

而不幸，则是将已发生的事件嵌入过去与未来的时间轴，再赋予其意义的产物。如此冷静分析后，我反而更清楚地意识到自身责任的沉重。不过我相信，在您的提醒下，以后关于巫术的讲座一定会朝着更好的方向转变，在此衷心表示感谢。

那么，关于这次的回信，我想采用略有不同的方式。

主要是因为我在我们的书信往来中感受了某种困难。在我看来，困难在于我们很难转换话题。这进而引发了根本性疑问：我们到底该如何转换话题？虽然我们的书信往来应该会按照我来提问的模式进行下去，但是到了最后，哪怕我提出方向截然不同的问题，话题的转变幅度总是不及预期，反应趋于平淡。这种困难在使用社交软件聊天时就不会存在。为何会变成这样？我思考了片刻，认为这与我们试图保持一贯性有关。

最近两周，我回顾了我们在社交软件上的聊天过程，得出了如下结论：若想转换话题，我们需要一种即兴感，且这种即兴感必须基于一定的间隙、在不同空间流动的时间，以及适当的灵感。

  矶野：我正在大巴上复习巫术。
  宫野：在去长野的路上？
  矶野：嗯，正在堵车——
  宫野：真好啊——我也想去。

从这里开始，我们聊到了长野的景点、九鬼关于上高地的随笔和荞麦面，又聊到您曾在购买餐具上花了不少钱。随后，一直盯着餐具架看的您开始讲您有两个研磨碗，我便回应说我家有两个研磨棒，但没有研磨碗，准备去宜得利家居店买。于是爱推荐东西的您推荐了宜得利家居的铸铁平底锅，由此我也得知您曾经受到过"副食的诅咒"。

此后，因为我突然问到了吗啡的服用方法，我们的话题引申到疼痛，又瞬间关联到村上春树身上。接下来，您又提到了怎样应对腿部抽筋。我们在社交软件上聊天的字数比我回信写到现在的字数还少，可话题却转换了这么多次。

学术写作中被禁止使用的"这么说来""话说回来"等词，恰恰能构成日常对话的脉络。身处不同时空的双方，在接收对方话语后将其内化，再结合自身即时思考与生活状态作出回应。正是这种存在于对话间隙的互动，创造出了富有韵律的话题转换。

在写信的过程中，我既想在话题即将结束时进行转换，又想保持一贯性，结果非但没能转换话题，还让话语的流动莫名其妙地变得不顺畅。我想大概就是出于这个原因。因此接下来，我将会有意识地制造间隙。

关于巫术，您写下了这样的话：

> 母亲并未因厄运而愤怒，也没有控诉状况的不合理，而是

接受了自己是遭遇厄运的可怜人的角色,这让我十分担心。

上次我没有提到,与死亡有关的巫术是被允许复仇的。根据埃文思的研究,死亡必然会被解释为巫术的结果。为了找出巫术师,人们会祈求神谕,并施以复仇的咒术。埃文思指出,巫术背后隐藏着愤怒的感情。我并不知道因热病失去孩子的母亲是怎么想的,但根据上述观点,我们可以推断:经历丧子之痛的父母绝非单纯"遭遇厄运的可怜人",将不公转化为愤怒,通过神谕追查巫师是受社会认可的行为。在这一层面上,与您所说的"如果觉得一切不明不白,不合情理,那么生气就好;如果不想接受,那么去抗争就好"的态度存在相通之处。

话说回来,我发现让您愤怒的情景有一些共性特征。在书信往来中,"宫野发怒"的情景包括:面对问出"医生,如果您的家人也是这种情况,您会怎么做"的母亲;面对在妻子身边说出"想和妻子一起环游世界"的癌症患者;面对接受患癌现状成为百分百病人的父亲。

在我看来,其中的共通点在于您不愿把他人卷入自己的叙事,也不愿被他人构建的叙事(自然科学除外)所裹挟。尤其是关于后面两种情景,如果用您上一封回信中的话来说,就是"依赖'被他人安排好的认知',顺势而下"。这实在让人感到不适。不知我说得准不准确。

您曾说自己所做的学问或许只是一种语言游戏，但能对抗语言的只有语言。要站稳脚跟，不被浅薄的故事裹挟，要具备质疑未知的能力，要拥有夺回自己人生的强大，这些都是哲学给予我的东西。

能对抗语言的确实就只有语言。只有当某些人文社会科学学者仅将容易用语言表达的部分从现象中提取出来，然后得意扬扬地说"这就是现象的本来面貌"时，我才会觉得那仅仅是一种语言游戏。

举个例子，我们经常能看到某种被视为既定事实的现象在权力结构的支持下获得社会的初步认可，但也会因观察方法的改变而呈现出截然不同的样子。还有很多现象需要某些技术的支持才能得到认可。从这个角度来看，现象本身和观察方法是并立的，因此现象本身并不是独立客观的存在。这是我曾听到的观点。

虽然上述观点中也有部分合理性，但是如果举出这样的事例呢？一位濒死的患者被送入医院，通过心电图发现是明显的心肌梗死，最终因为及时实施了手术而痊愈。是否也要断言"心肌梗死并非客观存在的事实"？这种困惑或许源自我的运动生理学研究背景。今天的长野晴空万里。我就不继续提问了，就这样寄出去吧。

不断试错的人类学研究者矶野真穗
2019 年 5 月 25 日

致不断试错的人类学家矶野真穗女士：

矶野女士，您周末回老家了吧。我久违地在福冈度过了周末。原本我打算回到京都，去看年轻时就认识的一位朋友出演的即兴戏剧，但是因为身体状况欠佳，没能成行。

正如我通过社交软件告诉您的一样，我最近一直严重咳嗽，呼吸困难。为了缓解症状，我用遍了各种药物（包括吗啡）。但各种药物和我的身体状况怎么也合不来，一会儿拉肚子，一会儿疼得喘不上气，整个周末都狼狈不堪。

现在，我的身体状态终于恢复正常（可是"恢复"这个说法也很奇怪，因为并没有"治好癌症"，只是身体和药物之间终于找到了平衡，身体没有什么痛感，药物也没有太强的副作用），但是用这种表面上的稳定状态重新感受自己的身体，我觉察到这次出现了骨头的疼痛。难道终于来到骨转移这一步了吗？我多少有些消沉。

首先从您的道歉说起吧。

总而言之，请您不要在意。我从未觉得我在您眼中是个"不幸的家伙"。我只是单纯从普遍视角，自己理解并分析出"啊，原来还有这种看待方式"而已。我反倒认为"我不幸吗？"这个问题的提出方式很有意思。而且我之所以刻意咬住您无意间混淆"厄运"与"不幸"的破绽，既是因为如刚才所述，我觉得这"很有意思"，也是因为我自己的内心确实存在着被"不幸"这个词吸引的部分。

我虽然在上一封信里帅气地说着，"自己只是遭遇厄运，并非不幸"。但是在我心中的某个地方，一定存在着自认为人生遭到诅咒的那一面。

您是这样说明厄运与不幸的：

> 厄运的生成来源于人，是人将厄运与其他可能性排成一排，然后将其指认出来。
> 而不幸，则是将已发生的事件置于过去与未来的时间轴中，再赋予其意义后的产物。

在这个层面上，您说"厄运是点，不幸是线"。我也深以为然。厄运是以点的形式出现的，而不幸则是当我们思考人生的来龙去脉，试图塑造自己人生时形成的某种意义模式。为了塑造自己的人生，总结迄今为止的时光，预见未来的岁月，本是理所当然，此时时间便呈现为线性的。面对不合理的厄运，我们无论怎样愤怒，也必须与之妥协。因此厄运必须以某种形式嵌入人生这条长线之中，即便嵌入之处会形成扭曲的形状。

既然不能切断人生这条长线，那么我们就必须咽下"不合理"这种无法被消化的定义，继续人生旅程。在这样的时候，"不幸"便能轻而易举侵入我的时间。我虽然一直装模作样地说我只是遭遇了厄运，并非不幸，但是癌症复发时，我果然还是时而嫉妒他人，说着"为什么偏偏是我，不是还有其他人吗？"，时而哀怜自己："已经再也不能长期驻外了，太糟糕了。"我甚至还曾像悲剧的女主角那样号啕大哭："你明白那种心情吗？"

厄运是点，不幸是线。无法被消化的厄运之点，与不断将我卷入其中的不幸之线，两者确实不同，但我真能把它们一刀两断般地区分开吗？不得不承认，这是不可能的。

因此，我也正在反省自己：你这是潇洒过头了啊。根本不存在什么潇洒的癌症患者（或许在我不知道的地方是有的）。迁怒于不幸，顺应偶然发生的当下，然后接受自己的人生，将其塑造成型。在如此规整的叙事中，难道就没有逐渐消失的东西吗？难道就没有糊弄过去的东西吗？读了您的这次来信，我开始思考谈论疾病时存在于背后的东西。

在迁怒于厄运、试图用学术的语言面对不幸的哲学研究者宫野背后，还有一个哭哭啼啼、抱怨不断的宫野，这是理所当然的。但是像现在这样写信，是看不见哭哭啼啼的我的。这跟只选取光鲜部分（容易表述的部分）的语言游戏仅是一纸之隔。

然而，这也是书面语言的宿命。书面语言，就如同这书信往来一般，虽然存在寄送对象，却仍然会变成独白。即使是多个角色登场的故事，书面语言也会沿着一条线发展，呈现出追求"一贯性"的倾向。

书面语言并不会在写下后就立刻送到收信人面前，其间存在时间差，因此写信的人会担心对方的解读方式与自己的预期不同。为了确保对方能理解，书写者会省去多余的部分，不断修正，让书面语言保持一贯性。我们或许可以认为，将那些多余的部分巧妙安排，使其达成一贯性，正是文学这种艺术形式的创作过程。

在这一点上，口头语言就不同了。您在信中引用的我们在社交软件上的对话就十分典型。口头语言尽是多余的部分，乍一看好像没谈什么正事。话题到处偏离，回过神来时，聊天的内容已经和最初截然不同。但是如今看来，我就是这么一个随便的人，在人生中时而抓住转折点，时而飞跃起来，时而迎来邂逅，一切也许都是随便磨磨蹭蹭，或是慢悠悠地完成的。

为了说明自己是如何在对话中慢悠悠地发生变化的，我想稍微写一些能构成对比的对话。如您所知，我患癌症已经9年了，却仍然很不善于谈论病情。我能逻辑清晰地传达有关病情的必要信息，从信息的整理到说明与确认，条理清楚，一以贯之。而且，我不会添加任何多余的信息，以免造成混乱。

转换与飞跃

此外，听者也为了不遗漏任何信息而不问及多余的内容。有时，人们还会对病人有所顾虑："我们这些一无所知的健康人不能妄加评论。"

这是规整的、毫无游戏性质的语言。明明是口头对话，却越发接近书面语言，这就是关于疾病的话语。此类话语带有一贯性，不包含任何多余内容，自然不会有什么变化。也就是说，话题不会发生转换。结果在对话中，我变成了百分百患者，听者也被固定在非患者的角色上。与双方在同一维度抛出语言，彼此交换的"投接球式"对话相比，这种对话更像是双方在固定的位置上（而且患者和非患者的位置分配是极不均衡的）紧握球棒，准确无误地将球递给对方。

慎重地谈论病情让人疲惫不堪。即便不是如此，我也不想成为百分百患者，更不想被卷入既定的叙事中。说到应对方法，我会在不需要谈论病情的地方——也就是日常对话中——完全排除病情。和学生聊恋爱的话题啊，和伴侣聊棒球啊，与朋友商量去哪里聚餐啊，与您谈论长野啊……始终处于患者程度为零的状态。

我曾经能完美地区分两种状态。那时我的情况尚未恶化，再怎么勉强都能应对，因此我不必接受自己是百分百患者。然而随着病情发展，两种状态相互冲突的情况不断增多。准确地说，患者状态渐渐侵入了我的日常状态。即使想和朋友开开心心地相约吃饭，我也会犹豫一番：我不能喝酒，我中途可能会恶心想吐，我可能会不时感到疼痛，这些情况都该事先告诉朋友吗？

和伴侣之间的对话也一样。每年固定的夏季旅行要去哪里呢？

冲绳听起来不错，或是去山里避暑也行。就在我美滋滋地任由妄想膨胀时，现实问题逐一浮出水面：那里有能够应对紧急情况的医院吗？治疗安排需不需要调整？如此一来，对话就成了作为百分百患者的我与患者家属之间的对话，因此无法继续进行下去。日常生活渐渐充满了患者的色彩，这让我慌张起来。我想尽办法让话题回归日常状态，但患者状态中的对话角色已被固定，无法做到游刃有余。"那该怎么办呢……"话题不能转换，我和伴侣最终陷入了长时间的沉默，可怕的寂静在四周流动，让我动弹不得。此时出现的是一个僵直的个体，与在疾病面前接受偶然性并顺势而为的状况相距甚远。

那么，我们该怎样谈论病情、接受病情，并推进关于日常的对话呢？提示就在我和您在社交软件上的对话中。

我隐隐约约觉得，您十分擅长引导我谈论病情。而且和您聊起来，我不但完全没有不情愿的感觉，反而还会变得十分放松。不过仔细一想，您确实一直在询问我身体的情况，比如"哪里疼？"之类的，而我也一直在回答，结果回过神来，发现我们已经聊到了矶野真穗和宫野真生子的姓和名各有一字重复，或是猜测我们五代之前祖先一定是亲戚之类的事，总之话题已经完全改变。

我们的对话完全没有条理，但是其中并非没有一贯性。从整体上来看，总觉得有一种舒适的感觉贯穿其中。在那样的对话中，我会想象对方正在做什么，然后注意到面前的事物，进而回忆、联想，加入多种要素，让一切连贯起来。这会让话题舒适地完成转换，对话也会不加停顿地持续向前。多出来的东西并不多余，反而

转换与飞跃

能在对话中创造出更广阔的余地。正因为我和您之间存在这种游戏般的空间，我们才能自由地编织语言，自由交谈，我也不用被囚禁在患者的角色中。

这样的对话看起来并不漂亮，话题也经常偏离得不着边际，却总让我有种莫名的满足感，安心而快乐。在这样的对话中，我们似乎正一点点地了解彼此。

与其说是对话的内容让我们了解对方（当然对话中的信息也是非常重要的），不如说是对话的方式、话题的选择和语言的特征让我们之间更加熟悉。因此，对话的内容虽然重要，但花费一定程度的时间东一句西一句地闲聊也是必不可少的。我们就这样了解彼此，加深关系。在这样的关系中，我与那个被书面语言定型的、装模作样的自己判若两人。

顺便一提，在您问过"哪里疼？"之后，我一直在说"想去旅行"之类的傻话。"那去海边可能够呛啊。"您一边安慰我，一边插入工作的话题，"但东京肯定会来吧。"我慢慢在"百分百患者"与"完全不是患者"之间摸索，寻找到"适可而止的患者"应处的位置。

"就算不舒服，只要接受别人的帮助就好。"不知不觉，我开启了一种感觉良好（也可能是感觉随便）的患者模式。毫无疑问，与对话开始时（生病不能旅行导致的愤怒模式）相比，我作为患者的位置发生了变化。换句话说，我顺利地接受了疾病。

然而，我是在哪里发生改变的？对话中存在某个明显的转折点吗？难道我已经发生了某种思想飞跃，决定更加认真地大干一场吗？并非如此。"适可而止的患者"是在东一句西一句的聊天中找到自己的位置的。在话题发生细微转换和变化的同时，我不知不觉接受了某些东西，发生了彻头彻尾的改变。

但是，"自我"正是这样一种存在。在我们至今的书信往来中，我一直在强调自己顺应当下，抓住偶然，毅然做出决定的做事方式。在某种意义上，这塑造了一种原本强大有力的自己突然陷入戏剧性变化的形象。但是所谓的变化可能并没有那么戏剧化，真实的变化过程温温暾暾，经过一段时间才会察觉。自我的存在也并非那么明确，而是在与对方的关系中时刻变化着，而且时刻需要外部提醒，比想象中更加暧昧。

日常生活本来就是各种状态的交相混合，人们在斑斓中东瞧西看，晃晃悠悠地缓缓度日。可是，病人日常中的斑斓总是在"患者"角色的基础上形成。结果就会像我和伴侣为了硬找话题而动弹不得一样，角色与角色相互碰撞，只能陷入沉默。不过，对于无法潇洒生活（虽说也没有潇洒生活的必要）的癌症患者来说，日常最重要的应该就是这种晃晃悠悠的温暾变化。无法在厄运与不幸之间划出清晰的界线，生活里的斑斓由疾病和日常共同组成，在这样的状态下寻找"适可而止的患者"的位置，这样的变化不正是一种转换或飞跃吗？我怀着这样的想法，一点点适应了需要摄取吗啡的生活。

不擅长"适可而止"的哲学研究者宫野真生子

2019 年 5 月 30 日

矶野女士从长野寄给我的荞麦面。受到『副食的诅咒』的女人同时也是『有加工强迫症的女人』。这一点或许并不值得炫耀。

7

无法说出的『请保重』

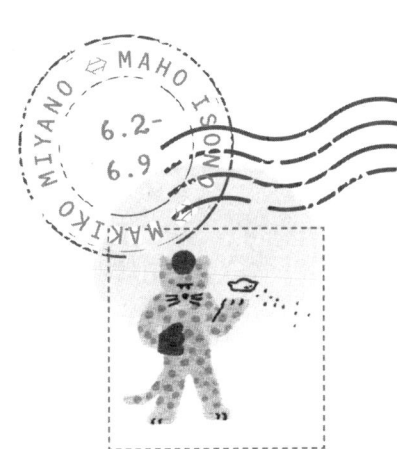

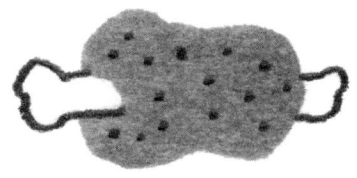

致飞到东京的哲学家宫野真生子女士:

宫野女士,您好。时隔一个半月再会,您依旧那么豪爽,比我想象的更加精神饱满,这让我十分安心。但是,您的状态与通常所说的"精神饱满"又有些许不同,我也确实非常在意:您是不是有什么地方很疼啊?而且总是咳嗽呢。

这次的来信主题是我在与您实实在在进行对话时想到的。

奠定会话分析基石的美国社会学家哈维·萨克斯(Harvey Sacks)认为,会话中包含着参与会话的人们默认的共同规则。有人说"早上好",就要回应"早上好"。听到提问,就要回答;听到抱怨,就要道歉或解释。我们不知不觉便顺着这样的模式推进会话。

但是,听到有人说"早上好",为什么就必须回应"早上好"

呢？恐怕答案会偏向道德层面，比如，不回应就没有礼貌啊，因为大家一起生活啊，等等。那么为什么会让人感觉没有礼貌呢？像这样沿着道德的路径提出问题，就会走到情感的部分：因为会让对方不快。如果再进一步，询问"为什么会让人不快？"，则会回到原点：因为没有礼貌。对话正是借由"就是那么回事"的规则建立的。

在与您的对话中思考这件事之前，让我们先回顾一下此前的经过。我之所以和您谈到病情，源于两个契机：一是您邀请我成为"科学研究费赞助项目"（即日本文部科学省为研究者提供研究资金，是否能获得资助需经审查决定）的成员，二是我邀请您担任工作坊的讲师。当时，医生已经告诉过您可能会突然感到不舒服，因此您不可能不把这件事向我坦白。此后，经过2019年4月在福冈举办的活动，再到如今书信往来的开始，我们的交流越来越多。

在此期间，您的病情不断恶化，刚发现脑转移没多久，又查出了骨转移，最近甚至开始出现了呼吸不畅的症状，已经开始服用吗啡等药物（这么一写总觉得您的病情太严重了）。

在这样的过程中，我尽量不对您使用那些经常对病人说的"标准问候语"。典型的有：

要是能尽快康复就好了。
请您保重。
不要勉强，好好休息。
不要紧吗？

我在《为何不能正常吃？》里写过这样一句话："食物和他者在本质上都是可怕的。但是，为了不至于过度害怕，我们使用许多隐性的规则将那些可怕的东西包裹了起来。"如今面对您，我意识到与病患交流同样存在这种保护机制——当规则失效时，未加掩饰的恐惧便显露无遗。当然，这并不是因为您是什么可怕的人。

例如，听到您迫不得已地问"我能活到 2020 年吗？"，我绝对不能回答"祝您早日康复。"，这句话实在太讽刺了。如果说出"请您保重。"或"不要勉强，好好休息。"，那么您可能就哪里都去不了了吧。问一个需要服用吗啡来缓解疼痛和气短的人"不要紧吗？"，也毫无意义。

尽管如此，在刚才列举的话语中，"不要紧吗？"是唯一可以使用的。不过，您现在的状态应该不是所谓的"不要紧"吧，所以让人有种"问这个是要干什么？"的感觉。紧跟在"不要紧吗？"后面的往往都是类似"请您保重！"之类的空洞安慰。

明白这些话语都无法使用时，我一时语塞。到底怎样说话才不会伤害您呢？而且，说得更自私一些，我害怕让您受到伤害这件事反过来也会伤害到我。我只是个自私的低俗之人，比起害怕前者，我或许更害怕后者。因此，即使您笑着说"如今身体状况变来变去，不是很有意思吗？"，我也不知道是否该和您一起露出笑容。

不过，正是这份恐惧，让病人和健康人之间的对话变得僵硬。正如您在上一封信中所写："一无所知的健康人不能妄加评论。"没有生病的人一边心怀这样的体贴，一边害怕自己越界后被对方拒绝。

另一方面，病人既担心自己的话语给对方造成负担，又害怕这份负担给自己带来深刻的伤害，因此闭口不言。到头来，话语成了"规整的、毫无游戏性质"的东西，冰冷僵硬，其中明明存在问题，双方却都视而不见。研究"医院中的死亡过程"的社会学家巴尼·格拉泽（Barney G.Glaser）和安塞尔姆·施特劳斯（Anselm L.Strauss）将上述现象命名为"相互虚伪"。您说自己不擅长谈论病情，或许正是和这种现象有关。

对话中隐性的规则不仅限于话语。看到有人身体不适，便搭话询问，寻找可以提供帮助的方式，这样的行为在我看来也属于隐性规则的一部分。虽然"规则"这个词听起来有些冰冷，但我所指的规则，其实是人类为了互相帮助共同生活而创造出的一种柔性智慧。

从这个角度思考，我大概就能理解您周围的人不经深思熟虑便跟您分享替代疗法和治疗故事的原因。面对身体抱恙的人，我们都怀有共同的认知，那就是，健康的一方必须为身体不适的人做些什么。当癌症的标准治疗进行顺利时，说一句"请一定去看医生啊。"便已足够。但是当标准治疗不再起作用时，周围的人就无法再使用这一固定说法了。可是大家也无法坐视不管，于是就会出现两种选择，要么发现看似有用的信息就立刻提供，要么不再触及这个话题。而接受信息的一方，要么敷衍应对，要么抱着试一试的心态，要么就像您那样，对这些建议感到厌烦，甚至不再谈论自己的病情。

这次您来东京,我曾有三次想提出帮您提背包。我之所以一次又一次试图提出这种傻乎乎的请求,是因为找不到其他能做的事。不过最后我一次都没帮上,是因为我一直琢磨来琢磨去,最后还是觉得:"那样会给您添麻烦吧。""或许您完全可以自己做。"既然如此,干脆什么都不做就好了,可是到头来,我却故意走在您的身后,观察您走路是否不稳。回程前的午饭后,趁您背朝桌子结账时,我还试着掂了掂您的背包,随即便十分后悔:"比想的还重啊,早知道我帮您提着就好了。"

我无法仅凭一个背包就判断您身体状况的好坏,可是看到面前的您明显没有4月在福冈见面时那么精神,我不知不觉间便只能用幽默的方式来摸索如何与您相处。

告诉您这些事,您很可能会因为顾及我的感受而什么都不再说。但是,我之所以将自己这些哭笑不得的内心活动详细展示在您面前,是因为接下来的通信需要您的帮助。

您曾说与我谈论病情会让您感到放松,这让我非常感激。随后您又说,这是因为我们的对话中包含着游戏般的空间。

不过,正如我此前所写,如今我渐渐感受到,自己的语言变得"规整、毫无游戏性质",越来越缺乏那种灵活自由的成分。我猜,这恐怕是因为以我现有的沟通方式,或者说,那些让对话流畅进行下去的社会化的隐性规则,已经难以应对您目前的身体状况。

在这种情况下,人们通常有两种做法。一是进入互相虚伪的状态,谈论病情时遵守互不伤害的政治正确原则;二是其中一方不再提及病情，转而开启其他话题。这两种做法执行起来都十分简单，但是我两者都不想选。我们都是研究语言的学者，就算没有合适的应对方法，也不想对现象本身视而不见或视而不论。如果没有现成的方法，那么就提出问题，创造方法，这样要更有趣也有意义得多。

因此，我希望您再次解放词语，再次与我共享未来。简而言之，我想请您再次谈谈"死亡"。

去年11月，您被告知可能会"突然感到不舒服"。您觉得死亡即将到来，于是扔掉了自己的衣服，取消了活动。但是那时，检查结果上的数值状况和您的主观感受应该还相距甚远。

但是听了您的近况，我觉得您的身体感受和各项检查数值在不好的意义上已经很接近了。从您的话语中，我能察觉到与去年11月相比，您对"突然感到不舒服"的感受也在发生变化。而您现在的所有话语，也都是以那样的未来为前提产生的。

在与您的对话中，我发现即使只是互问"早上好"这类简单的来往，也能从中朦朦胧胧地看到两人对共同未来的期待。我们既可能只是打个招呼便擦肩而过，也可能就此展开对话。

我如今面临的困难，恐怕在于无法把握与您的对话中未来的样子。因此，如果您能在这方面敞开心扉，我应该会轻松不少。然而，那份未来是关于死亡的，是当今社会的对话中原则上不能谈论的话题。

更糟糕的是，我提出问题的理由十分自私，是想让我自己得到帮助，这通常不是健康人应该对病人做的事。不过我还是决定越过这条界线。因为对我来说，您的第一身份既不是癌症患者，也不是病人，而是哲学家。我想看看与您这位哲学家进行真诚对话后能开启什么样的未来景象。

在通信刚开始时，我曾提到很难在我们的对话中避开您的病情。我们之间的关系正是从谈论癌症开始变得密切的，这是不争的事实。后来您告诉我完全不需要避开，因为您会将球击回。不过这一球到底不一般，我无法判断它是否进入了好球区，甚至担心您不但没有击回，还被它狠狠打中。而您又是个即使被打中也会装作若无其事的人，这让我更加害怕。但是我的性格就是如此，所以我还是决定将我现在的所思所想直接化作语言，全力向您投出直球。

请一定记录下只有您才能说出的话语，并活着见证它们如何传达到全世界。在这之前，绝对不要死啊。

一个身在东京被宫野的背包不断捉弄的人类学研究者

2019年6月2日

致喜爱偏辣咖喱的文化人类学家矶野真穗女士：

我回信太晚了。

当初我计划从东京返回后就立刻前往熊本，在心仪的咖啡厅里端着咖啡，一边听爵士乐一边给您写信。可是最终我却坐在福冈的家中，让吗啡成了书桌上的常备品，简直就和啜着玄米茶没什么区别。这都叫什么事儿啊。

事到如今我才知道您在东京对我的细心关照，请让我先表示感谢。我此前曾多次收到别人的好意，问需不需要帮我拿包，我每次都回答"没关系。"，但是实际上，我自身的感觉是"也不知道到时候会怎么样啊。"当然，为了以防万一，我可以事先拜托对方，可是我也没有必要主动进入"患者模式"，于是一直以来我都抱有

"到时候再说"的想法。

没想到您竟然从身后查看我的姿态，还试着掂量我背包的重量……我真是后知后觉。许多状况都让您感到困惑、焦躁，但是请允许我说一句任性的话：在我看来，病人与健康人共同感到困惑与焦躁，并在面临此类情况时问出"现在怎么办？"，实际是一件好事。无论怎样进行预防性的准备，都不会脱离固定的"患者模式"。这当然也是有用的，可是到了最后，双方的关系也只能建立在固定模式之上。做好准备应对紧急情况十分重要，但说到底只是准备，一旦不再纠结于此，双方便会不断调整磨合，讨论想做什么、需要做什么。此时留下来的那种"直面当下"的感觉会给病人带来自信（例如说，"这样不就可以出门了吗？"）。

但是，您应该会想反驳说：仅凭临场发挥式的应对就能解决问题的情况已经是过去时了吧。正如您注意到的，我的身体状况正一步步恶化。咳嗽明显增加，呼吸特别费力，食欲也在下降。我有种在您面前露馅儿了的感觉。

如您所说，我的身体已经到了"那些让对话流畅进行下去的社会化的隐性规则所难以应对"的状况。看到我这副样子，周围的许多人大概也会感到不知所措和不安。在这种情况下，"直面当下"的感觉会显得过于悠闲，对于周围的人来说也是个残酷的愿望（在这个意义上，通过虚伪的对话和自我欺瞒来保护自己是很自然的）。但是，您正在为我寻找新的方式，因此希望我能告诉您，我正在注视着怎样的未来。回答这个问题，也能解释为什么此前我一直固执于"直面当下"的感觉。

在上一封信中，您问我对"突然感到不舒服"这件事的感觉是否发生了变化。对此我的回答是肯定的。确实改变了。医生是在2018年10月告诉我"有可能突然感到不舒服"的，那时的检查结果显示的数值确实突然恶化，我也能在逻辑上理解未来可能难以把握。但是，那只不过是数字上的体现，当时我既没有发烧，也没有疼痛感，因此还充满疑惑："真的会感到不舒服吗？"

可是，现在已经不一样了。癌细胞扩散的影像连外行人都能看懂。我感觉呼吸不畅，吃了止痛药后身体却更痛，身体状态的恶化就像雪崩一样急转直下。此前我也曾因为化疗的副作用而疼痛，也曾苦恼于身体的倦怠感，但那些都是治疗造成的效果，只要忍耐就好。可是如今不同了，曾经依靠药物抑制的东西如洪水冲破堤坝般侵蚀我的身体，我能切身感受到它们的存在。与癌症打交道9年来，我第一次体会到这样的感觉。我陷在溺水窒息般的呼吸困难中，忍受着肝脏肿大带来的疼痛，意识到"我正像这样走向死亡"。

"突然感到不舒服"不再是抽象的话语，也不再属于可能性的范畴，而是存在于我的现实之中，并且明确地直接连接着"死亡"。反过来说，经历过"突然感到不舒服"后，死亡已经触手可及。如今已不是"死亡确实正在到来，但不是现在"，而是"死亡此时此刻正在到来"。

我当然害怕。在呼吸困难的痛苦和疼痛中，我也曾被恐惧囚禁在原地，猜想生命的最后瞬间是否会像这样渐渐动弹不得。但是，我无法逃避这份恐惧,毕竟这是一种难以从我身体里拔除的状态。潜藏在身体里的死亡(其实大家身体里都潜藏着)开始发狂,"突然感到不舒服"的过程终于启动。

那么,在这样的状态下,我又是怎样度过每一天的呢?正如您所知,上周我去了熊本,针对脑转移进行了一个星期的放疗,其间我又是讲课,又是打磨新书的计划,还继续推进活动的准备工作。简而言之,生活并没有什么变化。我能感觉到身体状况变得越来越糟糕,也并没有逞强。死亡确实正在到来,就连遵守第二天的约定或许都很困难,但我仍然试图和别人许下约定,去做写书这种需要相当花费时间的事。我自己也很苦恼(而且大概会继续苦恼):这难道不是很不负责任的事吗?

确实很不负责任。

但是,真的有人能在自己的人生中完美地负起全部责任吗?就算有这样的人,真的值得我们称赞吗?我可不能为自己的人生完全负责——这种话似乎会遭到他人的嫌弃。尤其是在当代社会,绝对理想的人应该能够预测未来,作出计划,管理危机,并且不给别人造成麻烦,明确责任,创造并打理自己的人生。

在我看来,这种生活方式的终极追求,应该就是最近流行的"遗愿清单"。面对无法预测的"死亡",人们事先做好准备,尽量担负起自己的人生责任,身无牵挂地离开这个世界,雁过不留痕。不会留下任何未完结的事物扰乱四周,离去之前凭一己之力为自己的人生画上句号。

为逝者处理遗物、办理手续，其实是非常麻烦的。从这层意义上讲，把自己的后事提前安排妥当的逝者真是帮了周围人的大忙。面对这种旁人连插手余地都几乎没有的人生，留在世上的人大概会说"真是个了不起的人！"吧。但是，当他们无事可做时，难道就不会感觉到一丝寂寞吗？如果我是被留下的那一方，我会希望逝者多少能不负责任地扔给我一些东西。

这种无法为逝者做些什么的无力感，大概是由于在逝者完整的人生面前，自己失去了与逝者产生联结的方法。未完的事物，同时也是逝者曾经活过或试图活下去的痕迹。生者之间会谈论、思考这些痕迹，或是继承，或是抛弃，然后思念逝者，逐渐接受对方的死亡。逝者在最后不负责任抛下的东西将逝者与生者连接在一起——如果这么说，大概有人会笑话我，认为这是"死亡确实正在到来"之人的自洽解释。

正如海德格尔在《存在与时间》中分析死亡时所阐明的，对于人类来说，死亡这一终点"并非意味着必然完成"。的确，对于现在的我来说，死亡就在近旁，即使明天就到来也不奇怪。我应该提前做好充分的准备。然而，人类是无法控制死亡的。既然不知道死亡何时到来，那么无论怎样准备，都称不上充分。

我的生命注定要在中途被强行打断。人生是不会完整的，人类经常处于"自我的未然（noch-nicht）"中——也就是说，人人都生活在尚未达到目标的路途之中。这样的存在怎样才能完美地承担责任呢？

尽管如此,我也能听到这样的观点:即使以死亡为借口违背约定,对方也会难以接受。虽然态度看起来似乎比较宽容,嘴上却会说:之前不是约好了吗?"死亡确实正在到来的人"原本就不能和别人约定什么。的确,将死之人是不能这么做的。

但是,死亡会平等地来到每个人面前,有时还会非常突然,没有人不被死亡逼迫。在每个人都必然会死亡的前提下,"约定"又算是什么呢?

哲学家和辻哲郎认为,"约定"就是"信赖"。和辻是九鬼的大学同学,与重视当下瞬间偶然性的九鬼不同,和辻认为,与他者伦理关系的根基在于安定的日常连续性。在他看来,我们生活中最重要的伦理基础存在于"信赖"之中。信赖并不存在于我们与什么特别之人的关系里,而是存在于构筑起我们社会根基的日常之中。

例如,如果没有信赖,我们就不可能搭乘电车。仔细想来,搭乘电车时,我们长时间和素不相识的人们同处密室,我们既不知道旁边的人在想什么,也不知道下一个瞬间对方会做什么。但是,我们并不会带着电车等于战场的想法迈入车厢,也不会在意车厢里有陌生人。因为那里的人与我们一样,都承担着"乘客"的角色,相互之间的关联都以"乘客"这个关系为基础(例如,在电车上不会突然大叫,不会和陌生人搭话)。

借用您在前一封信中的话来说,人际关系中存在隐性的规则,我们正是在默认大家都会遵守这一规则的基础上相互信赖的,即使与素不相识的人同时被封闭在密室之中,也不会忐忑不安。为了与陌生人在流动的时间中共同生活下去，我们需要规则来稳定人际关系，也会遵守规则。正因如此，和辻提出，日常最重要的，就是活在与他者的共同性之中，而个体性则是从与这种共同性的关联之中产生的。

总而言之，这世上存在着保护人际关系的隐性规则。我们依靠这些规则保护自己远离可怕的他者，同时也向他者表明自己不是可怕的存在。在此基础上，人才可能共同建构这个社会。正如和辻所说，这只有在依赖人际关系及其形成规则（用和辻的说法是伦理）的基础上才能成立。接下来的分析更加有趣：人们对规则的信赖将带来什么？和辻试图进一步挖掘。

所谓信赖，是指：

> 以事先决定好的态度面对未知的未来。

无论人际关系中存在多少隐性的规则，人们是否会遵守这些规则仍是未知数。人心难测。再安静的人，下一个瞬间都可能突然爆发。但是人们总觉得不应该如此，于是接受未来的未知性，遵守规则行动。面对未知的未来，当一个人能够跨越时间，使未来与现在一致时，这个人就拥有了"约定能力"（"下周六就截止了吧，不要紧，我能做到。"），周围人则会将其视为值得信赖的人。但是另一方面，未来说到底是未知的（说"不要紧"的人也可能遭遇事故）。人无法跨越时间，因此此刻相信对方并与之约定未来，既是"冒险"，也是"赌注"。

每次看到和辻关于日常、信赖和约定的分析，我都觉得很精彩，但也始终抱有疑问：究竟什么样的人才算具有"约定能力"呢？死亡注定会在某时某刻到来，生命在未完结状态下结束的人难道能以事先决定好的态度面对未来吗？考虑到死亡的可能性，我们不可能做到这一点。

但是，我们依然会彼此许下约定。

这是在遮蔽死亡的可能性吗？我不这么认为。所谓约定，是在承认死亡的可能性与不负责任的前提下，依然千方百计地试图采取原本不可能存在的"笃定态度"。这种无谋的冒险和赌注，正是对面前之人的"当下"表达，这才有意义。

正因为有你在，不知何时会死的我才许下赌注一般的承诺，并为了实现这个未知目标而冒险前行。正因为有你在，我才认定"当下"的决断才是"约定"的要点。如此看来，信任与其说是面向未来的，不如说是"当下"对某个人的信念。因此，和辻才说，真实存在于"人与人之间不断出现的新事物"。

> 请一定记录下只有您才能说出的话语，并活着见证它们如何传达到全世界。在这之前，绝对不要死啊。

您在上一封信是这样结尾的。现在，我想和您约定："嗯，我明白了。"接下来，我的病情也许会进一步恶化，但这并不是单纯关于"不要死"的约定。这是对您和我都渴望看到的未来的一次赌注，是朝着那个方向坚定不移地走下去的决心，更是对为我写下那段话语的您与我之间的关系的信赖。

不过，我的约定大概也会继续动摇。

昨天，在停不下来的咳嗽与呼吸困难中，我一次又一次追问自己，为何要毫不负责地许下承诺，甚至想把已经接受的工作全部推掉。但是，如果明天还会到来，我愿意相信我将会和在那时相遇的人创造新的故事。我想，一边拥抱未完成的事情一边继续前进，就是生活的意义。到了最后，如果有人能接手我未完成的人生，我会非常高兴。给大家留点麻烦不是也很好吗？自从我开始意识到死亡以来，我想我正逐渐变得任性了。

有些想要八乐梦医用护理床的宫野真生子

2019年6月9日

我喜欢坐船，或许是因为身处海上，我总能感觉到自己正在前往某处的『途中』。

照片拍摄于从神户港前往小豆岛的船上。

8

王牌的职责

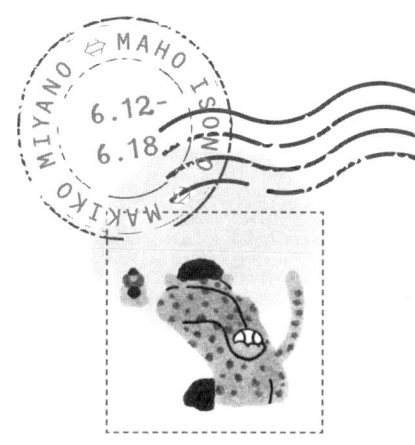

致宫野真生子女士：

哲学家宫野真生子是个责任感很强的人。即使在被医生告知可能会突然感到不舒服，也不想给别人添麻烦，将完成会议准备作为优先事项。不仅如此，她还认真学习医学术语，自己调查其中含义，在充分理解的基础上做出选择，稳步向前。这样一位哲学家如今正明确地感知着自己体内的死亡，同时与我约定在死前要记录下只有自己才能说出的话语，并注视着它们传递到全世界。

您是聪明人，所以您已经有了十二分的自觉，明白这既是如字面所说的赌注，也可能是不会到来的未来。尽管如此，您还是决心和我结下未来的约定。对于现在的您来说，这到底需要多大的觉悟呢？我想我是明白的。

能够震撼人心的研究，绝不是那些满足他人需求的研究。用尽毕生精力搜集的资料会在研究者的人生轨迹中产生奇妙的火光，照亮他人未曾思考过的世界。那时，人们会放下眼前的需求，投身于那个世界。原来还可以这样看待世界吗？自己竟然生活在这样的世界吗？人们会重新思考自己在世界中的位置。对我来说，某项研究是否美好与刊登在著名刊物上无关，而是取决于它能不能让人们看到那样的世界。

作为一位哲学家，您研究不断追问偶然性的日本哲学家九鬼周造已经持续了长达20年。而您现在正在用生命面对死亡——这既是必然，又因为无人知晓它何时到来而蕴含偶然。此外，尽管我们相识还不到一年，却已经像现在这样开始交换书信，并几乎确定将出版成书，这也是一个巨大的偶然。

能够以身体力行的方式，又不流于感伤地分析这一现象，并向世界展示的人，只有宫野女士您。参与交流的另一个人，也就是我，是绝对做不到的。从这层意义上，您是我们团队的王牌。

我希望将书信往来的作者署名顺序定为宫野、矶野，也是出于这个原因。您在接受这个署名顺序时曾说："是因为矶野解读了宫野的体验"，但我的理由绝没有这么简单。我既不是解开学生烦恼的老师，也不是倾听患者心声的心理咨询师，请不要随意把我放到那样的立场上。若真是那样的问题，您自己一个人就能轻松解决。

所以，当您的文字正在闪耀光芒，描绘出如此有力的轨迹时，请不要说什么"如果有人能在最后将我未完结的人生继承下去，那该多好啊。或许还是给大家留下点儿麻烦比较好"这样为中途退场辩解的话。像我这样的人既没有花20年研究偶然性，又没有切身体验过死亡，这样的我不可能继承您的分析。希望您直到最后都能投出只有王牌才能投出的球，将只有您才能呈现的世界传递给更多的人。

第三次书信往来中登场的小久保先生在6月9日的排名战中被判定获胜，顺利成为排名选手。他是带着左手未愈的伤痛出赛的，最后第六回合中的剧痛让他几乎叫出声来，左手完全无法使用。他曾想过弃权，但是在助手加藤先生"如果在这里放弃一切都会前功尽弃，全都完了！"的激励下，他战斗到了最后。

我当然明白您的身体正处于生死一线间。但是您最后的武器——用话语描绘世界的力量仍然完好地留在您的身体之中。只要我能继续看到这一点，那么当您动摇的时候，我就会不断地把您推回去说："不要放弃，您还能继续。"这就是我的职责。

因此，如果将来我以某种形式在物质上帮助您，也请您不要把那理解成"患者模式"。让您站在施惠者的一侧，请您务必原谅。我只是作为团队的一员，想让您为我们展现只有王牌才能展现的世界。无论谁都能做的事情就交给我，希望您专注于只有您能做的事。

这场比赛，让我们一起迈向胜利吧。

矶野真穗

2019年6月12日

致矶野真穗女士：

王牌的职责，或是名为哲学家的职责

8 年前得病时，你是怎么想的？

读了您的第八封信，我立刻这样反问自己。

没错，在我患上乳腺癌，医生说要将我的右侧乳房全部摘除时，我曾嘟囔了一句："我会看透一切给你们看。"我要借此机会思考所有问题。我终于站到了这样的立场上：关于自己的研究主题"偶然"，不仅能用"恋爱的邂逅"这类甜腻的话语来讲述，还能亲身体验，从"厄运"的角度进行分析。我仿佛获得了分析偶然所具备的正反两方面的资格，感到某种宽慰。支撑我的甚至不是"看透一切"之类的崇高理念，而是"要把它当成写作材料""这种经验怎么能浪费"等把自己的病情当作研究对象的冲动，这是深入思考的人所肩负的职责。

但是，正是这份职责让我生龙活虎，让我成了"王牌"一样的存在。

我为什么要如此深入地追问并谈论偶然？现在我似乎终于明白了。因为"生的证明"就在那里，"向生之力"的起源就在其中。

我重新读了已经持续研究20年的《偶然性问题》的开头，九鬼将偶然简单定义为"由无组成的存在"。也就是说，"有"和"无"都是存在的。的确，由于我的乳腺癌并非遗传性癌症（即使是遗传性的，也并不意味着百分之百会患乳腺癌），所以我也有可能没有得癌症，今天还在健康地喝酒。另一方面，患癌的可能性又确确实实存在。如果只阅读《偶然性问题》的开篇，我患癌的偶然似乎属于概率问题，就像掷骰子偶然掷出了六个点。当然，事实并非如此。

在书中，九鬼进一步将我们现实生活中的偶然性重新表述为"位于有与无的接触面上的极限存在""有扎根于无的状态"。重要的是，"尽管""有"和"无"都是可能的，我还是患上了癌症。也就是说，"尽管"带来的转折与逆接才是我患癌时感受到的偶然性的实体。九鬼不断追问人们如何在这一"尽管"中生活，我也思考这个问题至今。

在文本层面，我们可以像这样做出回答：现实正是所谓"本可以不存在的东西却存在了"的反转力量的体现,所以九鬼将偶然性称为"实在的生产原理"和"生产点"。我也曾将偶然性视为能够带来惊奇感的"难得之物",长期以来都在描述偶然之美。例如,当我们被棒球比赛感动时,我们看到本可能出现的可能性,然后放手让它回到当下,现实就在那一刻诞生。在那里,现实脚下的虚无似乎是可以简单抛弃的东西,未来仿佛就在触手可及的前方。我是否只想通过偶然来表达这种轻盈地摆脱虚无而进入存在的,闪闪发光的生产点呢?

很遗憾,不是的。当我不断追问偶然,试图讲述"尽管"时,其根源是被虚无所囚禁,拼命想要挣脱虚无的生存欲望,是我希望通过讲述"尽管"来确保自身存在的执着。如今,当我想要讲述自己的病情时,我便能感受到那种几乎可怖的力量。但是,那是我生存的证明,是我为了生存下去而编织的话语。

8年前,当右侧乳房被全部摘除时,我的身心都陷入了非常焦躁的状态。医生用我的皮下脂肪进行了乳房重建,因此我的身体看上去和之前没什么不同。新的乳房是用从我腹部取出的肉块做成的,没有神经,因此只是一个物体,感受不到疼痛和温度,却与我的身体相连。明明能够触到,却处于一种没有实感的缺失状态中。在这样一种似在非在中,我一次次尝试触摸它,但一摸到右侧乳房,感觉就会消失,身体已在那里被切断。没有痛感是非常可怕的。我曾在又打又掐带来的疼痛中寻找自己,但越是那么做,越会因无法感知疼痛而焦虑,变得坐立不安。这是偶然的疾病带来的虚

王牌的职责

无的恐怖。

面对那种恐怖，我收集了许多哲学话语：身体图式的欠缺，作为自我意识的身体，被注视的身体，作为媒介的身体……我将这些话语逐一与自己的状态对应，解释并接受自己的身体，为失去感觉的乳房附加言语，从而弥合缺失的部分。这样一来，当下的身体就能在日常中继续存在。偶然的疾病带来了可能会失去自我的恐怖（也可能会变成另一个自我）。我拼命停留在"尽管如此却仍然存在"的缺失乳房的身体中，试图用言语捕捉它，想方设法维持自我的存在，夺回日常生活。这是为了生存采取的策略，更是活在偶然现实中的我的"生产原理"。

如今，我正依靠摄取大量吗啡度日。大量的吗啡给我带来了难以对抗的困倦感和模糊的身体感觉。总感觉我的身体仿佛覆盖着一层薄膜，我与世界之间也仅隔着这一层薄膜。在这种状态下，疼痛发挥了不可思议的作用。疼痛确实将我的身体变成了"物"，使其集中于一点。但是正因如此，我才能回忆起自己的身体，强烈地感受到自己。

当然，此时感受到的自己正立于偶然的疾病带来的恐怖的死亡深渊。"尽管"存在不患病的可能性，我却正在疼痛与死亡的恐怖中挣扎起身。恐惧是毋庸置疑的。那并非"本可以不存在"的问题，而是几乎要被拖入虚无。为了消除恐惧，我思考、写作，这样才能勉强停留在生的一边。在疼痛与死亡中夺回自我，为了保持自我而编织语言。如果这不是从事哲学研究之人的职责，那么什么又能是呢？

我还会继续表达。对生的蠢蠢欲动的执着正是我活下去的原动力，也是活在偶然性中的意义。在疾病中，我明白了这一点。

这种疼痛，这种想要表达的冲动只属于我，所以书信往来的王牌毫无疑问就是我，这个称号不应该授予别人。

宫野真生子

2019年6月18日

王牌终于做好心理准备的日子。

9 穿越世界画出的线条

致生活在约定中的哲学家宫野真生子女士：

写完第七封信后，我注意到了网络上的一篇文章，内容是关于如何平缓癌症患者及其家属的不安。文章开头介绍了一位患乳腺癌的女士的经验：她向没有患癌的朋友表示"害怕复发"，结果对方说："你不能总往坏处想。"这位患者感到自己无法得到健康人的理解，两者之间仿佛隔了一堵薄薄的墙，结果与朋友渐渐疏远了。随后，文章一边引用专家的话，一边给出了如下建议：

- 对于患者来说，他们自己也无法处理对未来的不安，这一点格外需要旁人的理解。周围的人要能体贴患者，用心接纳患者的情绪。

・不要拘泥于细节，像往常一样与患者相处，不要将不恰当的话题或自己的价值观强加于患者。草率的鼓励反而会给患者带来压力，最好不要说"向前看""别认输""再加加油"之类的话。

・当患者遇到困难或寻求帮助时要接纳他们，关键在于体现出理解之心，可以说："是啊，确实会有这种感觉呢。"

不仅限于癌症，最近"如何与××相处"这类指南似乎越来越多了。上网一看，有与精神障碍者的相处方法、与恼人上司的相处方法、与性少数者的相处方法等，五花八门。我曾经研究过的进食障碍领域也有类似内容，我看到医疗从业者和当事人用多种多样的形式呈现"与××的相处方法"指南。

当然，他人的无心发言经常会给当事人造成伤害。正如您在第三封信中所说，周围的健康人会善意地向患者不加分辨地提供信息，反而让患者陷入混乱与疲惫。既然人与人相处的过程中会出现这样的窘境，那么自然就会出现"与××的相处方法"指南，也会有人想按照这些方法维持与他人的关系。

但是，看到一群所谓的专家站在外围，给不同人群贴上"患者""健康人"之类的标签，然后指导贴有同一标签的人应该如何相处，我总觉得有点儿奇怪。再加上当"健康人"（也可称之为大多数人）尝试采取偏离于常规的相处方法时，那些专家总会站出来，打着"破坏多元化""不替别人着想""歧视"的旗号加以指责，这让

穿越世界画出的线条

我的违和感更加强烈。

当然，那些人选择高声疾呼的经历中也有让我产生共鸣的地方，可是看到他们毫不犹豫地挥下正义的铁锤，我不禁陷入思考："难道多元的社会和紧密的人际关系真的是这样实现的吗？"

英国人类学家蒂姆·英戈尔德（Tim Ingold）的《线的文化史》给我带来了启发，这本书让我能将这种违和感转化为语言。在《线的文化史》中，英戈尔德运用历史和跨文化材料，考察了丝线、歌曲、运输、故事等多种类型的线，而我特别想要关注的是其中关于"轨迹与连接器"的讨论。在这里，英戈尔德首先阐明了整个章节的写作目的，即"展现历史中生成线的运动逐渐从线中被剥夺的经过"。随后，他列举多个事例，说明生成线的运动是怎样从线被剥夺的。他批判性地审视了原本伴随运动而生成的轨迹如何变成了仅仅连接点与点的无味干燥的直线，即连接器。

最简明易懂的要数"徒步旅行"与"运输"的例子。英戈尔德将徒步旅行描述为一种没有预定最终目的地的运动，每迈出一步都在感知世界，与世界亲密互动并穿行其中，因此会留下伴随运动的线条，也就是轨迹。然而，在徒步旅行转变为运输的瞬间，这种运动就被剥夺了。运输的目的在于用直线连接出发地和目的地，在尽量不改变事物本身的情况下使其完成穿越。关于徒步旅行和运输的不同，英戈尔德是这样表述的：

> 什么是运输，其判断标准不在于是否使用机械手段，而是

要看在徒步旅行中可见的移动与感知的亲密关系是否消失。被运输的旅人变为乘客，无法进行自主行动，而是从一个场所被移动到另一个场所。在这个过程中，靠近他们的风景、声音和感觉与他们的被动移动没有任何关系。

正如英戈尔德所说，徒步旅行也能以运输的面貌出现。例如，一边查看谷歌地图一边进行的移动，与空闲时在街上漫无目的散步式移动迥然不同。前者是从出发地到目的地的穿越，途中与我们共存的街道只是不断后退的风景，没有任何亲密接触，我们只是目不斜视地奔向目的地。而在后者的场景中，我们一边感受街道的氛围与色彩，一边穿越其间，未知的前路带来冒险的气氛，让人情绪高涨，不禁在街道中画出线条。

英戈尔德没有在描述人际关系时使用上述概念，但是借用英戈尔德的思考就能清晰说明我在这封信开头提到的"与××的相处方法"带给我的违和感。第一，当有人提出"与××恰当的相处方法"时，"患者"和"健康人"这两个点该怎样连接呢？这是基于"运输"的联想。尤其是"健康人"与"患者"之间的语言运输，必须恰当得体。一旦运输了错误的语言，位于目的地的"患者"就可能受到伤害。正因如此，运输了不恰当语言的"健康人"就必须虚心接受批判。

第二，提出"如何与××相处"的人往往与××存在契约关系。例如，当患者感到困扰或希望寻求帮助时，这些人会回应"是啊，确实会有这种感觉呢"。这是心理咨询师与患者，或是医疗从业者与患者之间的典型对话。前者接受后者的身心病痛，两者在彼此关系的终点结下契约，保证后者的状态将以某种形式得到改善或缓解。因此，"确实会有这种感觉啊"的回应可以说是能将两者的角色维持到契约终点的恰当回答。这个回答既不会展现自身的价值观，也能做到仅仅倾听对方的话。

可是，援助者和受助者的契约关系中也浮现了大量"徒步旅行"式的要素。因此，两者的关系模式并非仅限于"运输"。但是从一开始，这类关系的存在方式就已被决定，并固定下来直到最后，其中还经常出现伴随金钱的契约。换句话说，只要一开始能在一定程度上确定目的地，那么这类关系就无法避免以"运输"的面貌出现。无论多么想转换为"徒步旅行"，行动中都会受到制约。

令我感到担忧的，是达成契约的两者之间恰当的相处方法在并不存在契约的关系中也被视为恰当，并作为"恰当的相处方法"出现，导致并未达成契约的人们之间出现了"模拟契约关系"。

让我们来考虑这样的情形：有人患了癌症后，与未患癌症的朋友之间形成了这种契约关系。和朋友保持徒步旅行般的关系是十分容易的，不需要契约，也不存在终点或目的。然而这种关系中一旦嵌入某些行为，那么不仅会丧失目的，还会导致关系的契约化。由于不存在终点，"徒步旅行"不可能转化为"运输"。双方在模拟契约关系的状态下被夺取行动，在原地动弹不得。

前文提到的文章中有如下表述：

不要拘泥于细节，像往常一样与患者相处，不要将不恰当的话题或自己的价值观强加于患者。草率的鼓励反而会给患者带来压力，最好不要说"向前看""别认输""再加加油"之类的话。

说什么"提建议时要像平常一样"，但日常会话中本就充满了纠结的、不恰当的话题、价值观表达与鼓励。到底要到什么程度，才算是拘泥于细节、强加价值观或草率的鼓励呢？谁都说不清楚。

结果，健康的人只能选择避免这类对话。如果癌症患者倾诉不安，健康的人只有用"是啊，确实会这么想啊"这样的话来回应对方。到头来，能像第六封信中提到的，让对话向四面八方展开的接口不会生成，对话只能朝着"一方向另一方倾诉不安"的方向前进，变得像心理咨询一样。

但是另一方面，两人之间的关系并非像心理咨询那样以消解苦恼为目标，因此也不存在目的地。其结果就是"徒步旅行"与"运输"均未发生，两人以恰当的形式在点与点之间连接，且停滞不前，于是就出现了您在第六封信中提到的如下情况：

结果在对话中，我变成了百分百患者，听者也被固定在非患者的角色上。与双方在同一维度抛出语言，彼此交换的投接球式对话相比，这种对话更像是双方在固定的位置上（而且患者和非患者的位置分配是极不均衡的）紧握球棒并准确无误地

穿越世界画出的线条

将球递给对方。

最近，我们总能听到多元化这个词。各色各样的人一起笑着挥手的海报啊，患不同疾病的人啊，生活方式不同的人啊，几乎所有多元化都在平面图画中以放置新点位的形式展现出来。

此外，正如前文提及的文章中接受、理解、体贴等词所象征的那样，多元化社会总被描绘成静止画面，或是人们握手相连，或是一个人接受了另一个人（接受即静止）。牵连和羁绊等词也一样，强调的仍然是点与点相连的形态。可是，鸟瞰这幅画面的人们才可能意识到：那里的连接方式有问题，好像不应该是这样的。

但是多元化也好，支撑多元化的关系也好，难道不应该是一种静止或平面的图画无法捕捉的东西吗？

建立关系，既不是握手之后停下脚步，也不是单方面地接纳对方，而是在人与人的互动中，持续地描绘出线条，与对方一同穿越世界。在这种动态中，找出彼此都觉得舒服的语言和姿态，把那些留作足迹，踏出下一步。这不正是一种伴随感知的运动吗？这才是关系的本质。一条条线一刻不停地越过世界，接连不断地伸向四方，与时间交义，进而成为地点，但运动并未停止。

将运动从"徒步旅行"的模式转化为"连接器"模式，以此来说明"恰当的相处方法"，比如"这种连接方式是错误的，正确的应该是这样"。一旦按照上文所述的思路来看待关系与多元化，就会感到想要实现上述转化并非易事。实际上，"这才是与××恰当的相处方法"之类高高在上、自信满满的声音会将穿越世界不断延伸的线,变成只在点与点之间运输恰当语言的僵硬的连接器。而且确实有人希望关系变成这样,因为静止的连接器不会造成伤害。

在"身体的学问"工作坊负责事务性工作的编辑林利香女士曾经患有进食障碍,从进食障碍中恢复的经历使她的世界观几度动摇。如果将林女士的故事放在这里,那么我觉得可以这样说:曾经被固定在连接器另一端动弹不得的林女士自己描绘出了那条线,将运动夺了回来。创造工作坊的发起人是林女士,而我邀请您参加工作坊,则是我们书信往来的契机。在这个意义上,林女士描绘的线条末端就是我们之间的书信往来。

在刚开始时,我也完全没有想过,您提出的这种既没有连接器也没有终点,只是牵引着彼此的语言构成文字的书信形式,让"徒步旅行"模式的出现成为可能。英戈尔德就曾指出,随着历史的变迁,讲故事("徒步旅行")演变成了事先创作好梗概("运输")。

遇到晶文社的江坂编辑后,我将第八次往来的书信递送过去,立刻得到了出版成书的承诺。到头来,"存在终点"的"运输"模式也渗入了我们的书信往来。但是,我们仍不知道书信的终点会是什么样子。从这个角度来看,我们正处在描绘线条并穿越世界的徒步旅行途中。

幸运的是,江坂编辑的着眼点并不在于点与点如何连接,也不在于整体的描述对象,而是从我们描绘的伴随运动的线条中发现了趣味与意义。到了成书阶段,江坂编辑的那条线应该会帮我们呈现一个仅凭我们无法描绘的世界，结果虽然未知，却令人期待。将来也一样，以晶文社为代表的更多人将加入我们描绘的线条中，出版更多的作品。那些都是由线条编织而成的载体。

我之所以想谈线的问题，还有另一个理由。

如今，吗啡有时对您已经不再管用，需要追加神经类药物才能控制疼痛。也就是说，突然感到不舒服的状况已经加剧。但是即便如此，只要当事人不放弃与他者共同创造未来，就能继续描绘出无比美丽的线条。每次看到您的来信，我都会这么想。

反过来说，有人比如今的您健康得多，却无法描绘任何线条，只能变成一个点。那些人大概已经忘了去直面身体的疼痛并描绘线条，也忘了自己还有持续延长线条的力量。其中有些人不仅自己变成了点，还会因痛苦而让他人停留在与自己相同的地方，甚至想把他人也变成点。

不过，在未来的某一时间某一地点，我们一定会成为物体形态的点。如果能有所预知，那么我实在不想成为那种只是被恰当连起来的点。只要还有自己描绘线条的力量，我就想感知世界，在与世界的亲密接触中继续描绘，将全新的邂逅的线条编织下去。在与您不断描绘的线条相遇、同行的过程中，我学到了这一点。

罕见的抽象文化人类学研究者矶野真穗

2019年6月15日

致描绘线条的文化人类学家矶野真穗女士：

在上一封信中，您留下了"不要逃避"的热烈信息。过去的一个星期，我绞尽脑汁剥离言语，结果"书写"的本质逐渐显露出来，而且比想象中的更加沉重而贪婪，令我困惑不已。但是，当至今为止与我相遇相连的人和事在这个星期突然集中到一起猛烈爆发，便出现了"破天荒"似的奇迹般的美妙时刻。

当您在东京笔耕不辍，思考"如何与××恰当的相处"的问题之处以及多元化社会时，我正在福冈参加河野真太郎先生《战斗的公主，工作的少女》一书的相关活动，这部作品从文化研究和文学史的视角分析了女性在新自由主义社会中的生活方式。虽然我写了"参加"，但其实举办演讲的是九州产业大学的藤田尚志先生，负责策划书籍相关活动的是ajiro书店的藤枝大先生，背后则有文艺共和国会议的逆卷茵先生把控一切，我只是顺势而上，在自己所属大学的论坛活动中拖着这副病体出席而已。

当这个活动的计划刚刚成形时，您也出现在我的面前，也就是两个月前"学问在福冈"结束后的聚会上。我感觉我总是在这种聚餐中决定之后的工作："应该很有意思，试试看吧。"其实我完全不认识河野先生，对活动主题："非正规/正规和男性/女性"也有些顾虑。性别问题很容易变得微妙和敏感，虽然这类活动是宣扬正确价值的绝好机会，但如果处理不当，或许只会加深刻板印象或进一步分化人群。在刚刚进入活动周时，我依旧不能忽视内心的担忧。

但是实际去参加之后，情况又如何呢？ajiro书店是一家通过举办文化沙龙将九州产业大学、福冈大学等大学内的学术空间开放给社会的书店，这次的会议正是以高校学术论坛的收尾，现场真的聚集了各种各样的人。有听过我和藤田先生课的学生，有在以前的活动中见过面的人，有毕业生，还有工作人员和ajiro书店谜一样的常客……但更多的是我不认识的人。

来到现场的人们拥有多姿多彩的人生，各自的人生轨迹不同，到场观众的身份十分多元（例如，有女性，有性少数群体，有小地方出生的……）。尽管如此，她们/他们并没有强烈地表现出"主体性"。不如说正因为站在多元化主体的立场上，她们/他们才会聚集在这个系列活动中，在主体性带来的不安定中寻找自己心中违和感的根源（当然，这应该也是以举办活动的逆卷茵先生为代表的我们这些人在学术上播种的结果）。那么，最终结果如何呢？听听参加者们的喃喃自语吧：

"不明白。""乱七八糟。""不明所以。""破天荒。"

总而言之，似乎有什么新的东西正在出现。

这是许多人将各自微小的"违和感"汇集起来的结果。人们相互之间并未用特定的标签彼此连接，而是由各自人生的重叠带来的牵绊。人们带着困惑，走进形形色色的人群，发现自身的违和感，并诉诸语言。崭新的邂逅由此生成，语言也会继续生生不息。

最终，我们喝酒喝到错过了末班电车（笑）。所谓多元化，难道不正是如此吗？人与人之间的牵绊，难道不就是这样形成的吗？

我知道自己的说法非常粗暴。对于弱势的人和受伤的人来说，重要的首先在于有人能够贴近他们的弱势和伤痛，这才是对当事人的关怀——反对声音大概会这么说吧。但是，当每个人在某些特定场合下只能是"当事人"时，我便思考，"当事人"究竟意味着什么呢？

举个例子，我应该属于癌症的"当事人"，可我并未百分之百接受自己的患者身份，也并不认为接受这个身份很重要。在此前的书信中，我也曾表达过自己并不愿被随意贴上标签，并被框定在其中。在无法顺利接受自己病人身份的情况下，我在和他人的对话中一边困惑，一边在患者和家属之间，或是在病人和朋友之间摸索自己的生存方式。这难道不正是所谓人各不同的真相吗？

穿越世界画出的线条

不过，当"人各不同"这个单纯的事实被化约为"多元化"这样的口号时，又会发生什么？正如您指出的，人和人之间的关系就像是在平面图上增加新的点，变成"点与点相连的形态"，原本应该存在于人与人之间的各种动态因素（包括困惑）便消失了。我觉得，我并不想在那样的世界里生活下去。

您在信中精准地表现出了我所寻求的东西：

> 建立关系，既不是握手之后停下脚步，也不是单方面地接纳对方，而是在人与人的互动中，持续地描绘出线条，与对方一同穿越世界。在这种动态中，找出彼此都觉得舒适的语言和姿态，把那些留作足迹，踏出下一步。这不正是一种伴随感知的运动吗？

我们为什么会忽视画出线条的重要性呢？那时，我们忘记了什么？在我看来，我们忘记的是时间的"厚度"以及这种厚度带来的世界的立体性和丰富性，那里蕴含着创造新事物的力量。

在此，我想提出一个朴素的问题：究竟什么是"活着"呢？毕竟我们无法凭借自己的意志出生在这个世界上。我们也不能选择自己的出生时间，而是被强制赋予肉体，以点的形式来到世间。随后，带着"死亡终会到来，但不是现在"的念头，在种种社会规范的约束下，行进于时间之中。

然而寿命将尽时，终结就会突然降临，我们只能走向死亡。每个人都是一个除了最终消失别无选择的点。不过，这样的点并不是孤独地降生在这个世界，我们的世界中充满了无数想方设法画出自己"线条"的点。当然，现在也有人正在奋力画出线条。我们正是降生在这样的地方，然后生活下去。

承认自己只是一个最终无法避免消失的点，其实是很痛苦的。即使有人说我们还会留下"线条"，可听起来还是痛苦。在这样的处境下，我们想方设法守护自己的存在。这时候，便会出现"对流逝的时间感到焦虑，以及出于焦虑想方设法去管理流动的时间"的欲望。我认为，在我们所生活的"风险管理社会"，人们正是因害怕时间流向未来，才试图反抗这种流动，由此产生了对可以"控制一切时间"的浅薄幻觉。

有人也许会反驳：思考未来的不同道路，计算风险，考虑多种可能性，尽量安全地生活下去，如此守护自己的行为有什么浅薄的？没错，这样一来，名为未来的广阔空间就会收归于我们的可控范围之内。但是，这说到底只不过是"自己"的未来。我不禁想问：难道我不认为自己正独自生存在流动的时间中吗？

这种意义上的"时间"，虽然表面上包含了多条可能的分支，但最终也只是作为自己一个人的未来存在，封闭于单一的方向。我们竭力管理各种可能性，让它仿佛看起来丰富，但实际上承载这些可能性的时间是线性的，只能把它想象成朝向未来消逝的东西。自己扔出去的东西还会回到自己手边，到头来只会变成危机与回击的对打。

但是，这种直来直去的"给予与获取"（give and take），真的能守护自我的存在吗？二战期间死在监狱中的哲学家三木清对活着的本质进行了如下论述：

> 人类是否自私，其实取决于他能将利益的考量延长到多远的未来。这个时间上的问题，并非单纯的算计，而是在于期待和想象力。

我们确实想画出自己的线条，守护自我的存在，并将它留存下来。如果这么想，我们就必须马上降落到画出线条的地方站定。不过那并不是自我封闭的时间，而是要全力将许多点延伸成线。世界正是在这些时间的厚度中形成的。即使是命中注定走向消亡的点，既然来到这个世界，就能将收益托付给超越自我的未来。

这不是一个人的得失算计，而是想象一个有许多"点"降临的世界，思考遥远的未来。只有这样，我们才算真正参与到这个世界，画出属于自己的线条，生生不息。

想要化作线条、走向全新开始的哲学研究者宫野真生子

2019 年 6 月 24 日

就算黑夜降临,就算雨水落下,也能画出线条。

10

真的,突然感到不舒服

致自尊心很强的哲学家宫野真生子女士：

在大分县东部的山村里，有为将出生的孙辈和曾孙辈种下樱花苗木的习俗。樱花树的寿命在 50~70 年之间，当然也有存活时间更长的，但大多数都存活不到 100 年便会逐渐枯萎。人们会畅想几十年后的未来，并种下樱花树。文化人类学家波平惠美子女士的《生命的文化人类学》中就有这样的一节。参与世界，与他者共同生活在这世上，这个行为的本质并不在于计算得失，而是在于期待和想象力。读了您引用三木清论述的回信，我想起了人们种植樱花树的故事。

从我们开始通信算起，到今天正好满两个月。这次请允许我从一个相当奇怪的故事讲起。

如您所知，我有个小我三岁的妹妹。从我们记事起，母亲就这样告诉我们：

在真穗和麻里之间，其实可能还有另外一个人呢。

在我出生后不久，父母便打算再要一个孩子，结果当时没能如愿，直到三年后才生了妹妹。因此，我和妹妹之间可能存在另一个人已经成了公然的事实，我一念叨："那个孩子那时要是生出来了，可能就没有小麻里你了。"妹妹便笑着说："是啊。"这样的对话在我们之间不知重复过多少次。

曾经存在有三个人的可能性，但结果只有两个人。

我一直这么想。

但是，从今年5月中旬开始，我改变了想法：我们不是两个人，而是三个人。如果说是神明决定了灵魂的前行方向，那么原本要在长野出生的灵魂兜兜转转，最终在大阪出生，在和歌山长大。我要是这么讲，可能有人会说："我从很久以前就觉得你很怪，结果现在真的成了怪人！"不过对我来说，这是无法推翻的事实。一个半月以来，我一直生活在这个事实里，如今仍在继续。这就是我最真实的感受。

虽然我们的书信往来仅有两个月时间，但这两个月在我心中却如同五年一样。向您抛出那句"不能死啊"仅仅是在三个星期前，而您那关于"在疼痛中寻找与死亡的相处方式"的话语给我带来巨大冲击也仅仅发生在一个星期前，一切都让我无法置信，仿佛它们都发生在遥远的过去。

您在回信中提到了时间的"厚度"。时间通常被视为线性的，谈论它的厚度是非常奇怪的，但如今我已经明白时间的"厚度"究竟是指什么。对我来说，那是残留在线条中的足迹的深度。诸多学者已从各自的角度论述过时间并非单纯的物理过程，但是对个体来说，时间应该是物理的时间与足迹深度的"结合"。我之所以会觉得两个月就像五年，一个星期前的事仿佛发生在三个月前，正是源于这份深度。而在这相当于五年的两个月里，我一直在时间的"厚度"中寻求意义。

人们会在什么时候寻求意义呢？按下开关，电灯就会通电；今天偶然去了稍远的7-11便利店，而不是常去的罗森。我通常不会在这类事情中寻求意义。在我刚刚举的两个例子中，前者属于必然，而后者可以归于偶然，但是从上述例子中可以看出，如果只是偶然，就无法满足寻求意义的必然。我也想从23岁与文化人类学的邂逅中寻求意义。此前我曾数次提到，那时的邂逅成就了我此后的人生。如今，我也在与您的邂逅中寻求意义，只不过寻求的方法大不相同。我们的邂逅需要被赋予更加深厚的意义。

这么想的原因有二：其一，与文化人类学相遇后，我之所以没有寻求更加深厚的意义，是因为无论出现什么困难，此前的人生经验都足以应对，然而与您的邂逅却超出了我的应对范围；其二，前一个邂逅属于名为学术的知识体系，而后一个邂逅中存在着蕴含大量不确定因素的他者。

您在信中反复提到"尽管"可能是"无"，但最终还是"有"的不可思议。例如在第八封信中，您这样写道：

> "尽管""有"和"无"都是可能的，我还是患上了癌症。也就是说，"尽管"带来的转折与逆接才是我患癌时感受到的偶然性的实体。九鬼不断追问人们如何在这一"尽管"中生活，我也思考这个问题至今。

如果说您在"'尽管''有'和'无'都是可能的，我还是患上了癌症"这件事中追问偶然，那么我也一直在追问"'尽管'可能不会遇到您，但还是遇到了"的偶然。

您既可以不出席文艺共和国会议，也可以不跟我谈论癌症，还可以不提出和我进行书信往来。"尽管"如此，一切还是以完全反转的面貌出现在我的面前。对我来说，这是一个巨大的谜团。我邂逅文化人类学后改变专业，从事文化人类学研究工作，其中的必然或许可以理解。但是在与您相遇后发生的事情中，我完全找不到任何必然。

我能举出多个理由：我认识您还不满九个月；现实中我们只见过五次面；您不是那种随随便便展示自我的人，因此不会公然谈论自己的病情。如果您想寻找谈论病情的对象，那么像我这样刚认识您的人恐怕不合适，您或许应该去找相识已久、关系紧密的人。态度更加轻松自如，语言更加丰富准确，方式更加巧妙圆滑，这样的人应该多如牛毛。站在必然的角度，"尽管"我距离可选范围最远，可是一切反转，我最终成了与您往来书信的那个人。

虽然"有点儿搞不清楚状况"，但是在刚刚开始书信往来时，我还是比较从容的。倾听病情本就是我研究生活的一部分。在此基础上，您和我之间并没有那么紧密的关系，即使看到您已经穷尽全部标准治疗，我也不会为了把您留在这个世界而寻找替代疗法，进而让您陷入苦恼。

正因为什么关系都没有，即使您不在了，我也不会悲痛欲绝。这么说听起来相当过分，但正因为什么负担都没有，才能生成对话的空间。在这层意义上，我恰好是个合适的人选。我最初就是以这种"恰好"来解释我们邂逅中的不可思议的。

在持续认真投球的过程中，我们建立了比预想中更加深厚的关系，这正是我的"失算"之处。虽然路途曲折，但我们都从事了20年的研究工作，在这些成果的基础上认真对话，确实会形成如今的局面。我们的书信往来原本还应该包括节食、人际交往等更加丰富的其他话题，我们都未能料想内容会趋于现在的方向。和您交谈着实有趣，我们的关系也越发深厚。

不过话说回来，关系的加深并不是这次邂逅带来的最大冲击。对我来说，最大的冲击在于您身体情况的恶化与我们关系的加深同步。从5月下旬起，我们不再使用敬语交谈，您就是从那时开始在日常生活中感到呼吸急促，一周后便用上了吗啡。在一起前往晶文社的两天前，您查出了骨转移。到了6月上旬，当我们的聊天开始大量涉及对方的个人生活时，吗啡也无法再抑制疼痛，您苦于呼吸困难的日子越来越多。这些事情就发生在一个月内。

我知道您可能会突然感到不舒服。但是在我看来，那就像问了句："现在要来了吗？"死亡在您的体内蠢蠢欲动，而我属于健康的一方。我们的关系越好，两者之间无法超越的东西就越会压倒性地扩散，无法解释的情况不断增加。当一个人的存在对你来说越来越重要，那么与这个人说再见时的感触就会越来越清晰。"尽管"这样的事应该只发生在电影和小说中，不必在我的人生中出现，但它还是发生了。上周活动的参加者所说的："不明白。""乱七八糟。""破天荒。"我感觉同样适用于我的这两个月。

为什么邂逅的雀跃与丧失的恐怖会同时急速降临在我的人生中呢？

不过另一方面，我也逐渐将这一连串经历视为必然，与您奇妙的一致与契合支撑着我。我们仅仅相差一岁，姓和名中各有一字重合，都是左撇子，都生在7月，只相差11天，而且连各自的母亲都同岁。您一来到我家，同为左撇子的外婆的骨灰盒便莫名其妙地掉到了地上，这可是从未发生过的事。2014年，您在《我们为什么会恋爱》中试图把握性的意义（自我与他者坦诚相对之事），一年后，我又在《为何不能正常吃？》中试图把握"吃"这个世界与自我不

真的，突然感到不舒服　　159

容分说彼此交融的瞬间的意义。在一系列偶然带来的混乱中，我的"现实的生产点"里出现了一位赌上人生，不断追问偶然性的哲学家。

在必然这个概念完全无法解释的、接连不断的邂逅与事件背后，与之相反的可能性带来的事物逐一咬合，形成若干偶然。我将那些偶然收集起来作为必然的生产点，试图在其中发现邂逅的意义。表示亲密关系的词汇有很多，但对于我们来说，哪一个都不合适。在逐一否定的过程中，我发现在我面前的正是灵魂共享的故事："原来我和妹妹之间的另一个人是在和歌山长大的啊。"与您邂逅以及由此描绘出意义不明的线条正是我们的命运，我自愿卷入这个故事，如今正生活在其中。

为什么我会如此纠结于"宫野对我来说是什么人"这个问题？当然是因为您的病情。如果您是像我一样的健康人，那么我用一句话就能简单交代："虽然说不清楚具体原因，但我遇到了一个很有趣的人，正处于愉快的交谈中。"但是，与您的邂逅并非如此。离别已经近在眼前，我们一边注视着这样的未来一边前行。因此我决定回溯至我出生之时，创造出神话般的漫长时间，为您在其中安排一个位置，然后再选择自己的位置和前行的方式。

否则，我根本就无法沿着相遇与离别的冲击同时爆发的道路前行。

不过，尽管是我自己纵身进入这个故事的，但我并没有获得建立关系的说明书，也没有发生什么变化。直到最近，我才意识到，建立关系的场所原本就存在于我的心中，因此当您去世时，我无法想象自己将会体验到怎样的丧失感。

当然，我花费大量时间建成了"人生跑道"，它由我的家人和伴侣构成，我与跑道上的人关系美好而亲密，因此我应该不会有大碍。只是5月初的从容已经不复存在，我感到自己结结实实被摆了一道。但是我已经做好心理准备，将在寻找到的故事里生活下去。我们的邂逅已无法改变，我们的灵魂正在共享，因此无论您的前路如何，无论我们的离别以什么样的方式到来——死亡、争吵或是别的原因，我都打算全盘接受。我将认真继承从您那里获得的灵魂，继续前行。

不过话说回来，我最希望的还是"宫野比矶野活得更久"啊。

听到这些话，您会怎么想呢。您不喜欢被他人的故事裹挟，也不喜欢他人卷入您的故事，因此您或许不愿意在这种可能给别人带来不适的故事中担任角色。我猜您也可能会说：别把我放在那种故事里，应该去享受偶然带来的不确定性。

但是，正是您断断续续地将我卷入您的人生，所以我也希望您能容忍我（不过这只是玩笑话，与其说是卷入，不如说是回过神来发现事已至此）。

美国的文化人类学家克利福德·格尔茨（Clifford Geertz）留下了一句广为人知的名言："人是生活在自己编织的意义之网上的

动物。"

我非常喜欢这句话，理由有二：

其一，人生活在自己创造的，而非他人创造的意义中。其二，"意义之网"的原文是"webs of significance"。"significance"这个词有"意义"的意思。在这个层面上，它的近义词有"essence、importance、noteworthiness"等，格尔茨显然是想在写作中讴歌人类自己创造意义并生活在其中这一不可替代的行为有多么美好。

如果真有所谓的命运存在，我想那大概是：一边直面生活中的种种不可知，一边抵抗着沦为连接器，同时与途中相遇的人真诚相对、共同刻下前行足迹的勇气。当人在这个过程中赋予命运的意义并非出于功利算计，而是如同栽种山樱的人们那般将它刻在通向遥远未来的线条中时，便足以被称为"意义之网"。

正因如此，我认为自己迄今为止的行为实在罪恶深重。我此前聆听了太多他人的过去，并将其作为故事描绘出来。当然，在听取他人的故事并将其转化为文字时，我会尽量保留当事人的用词，努力打开对方眼中的世界。但是到头来，我描绘出的故事只不过是当事人生活经历的残渣而已。

尽管如此，我还是不断进行转化，排除容易招致批评的用词，将故事讲得尽可能生动，时不时还要添加一些装模作样的理论。人们确实会从这些故事中获得感悟，但这同时也会成为我"业绩"的一部分。您经常提到哲学家的职责，如果人类学家也有同样的东西，那么就是将他人的人生转换成文本，阐释其社会意义，但本质上只是为了满足自己的目的而将它们陈列出来。在第八封信中,您使用了"可怖"一词,如今我已经切身感受到了生活在故事之中与听取并描述故事在本质上的区别。我痛感自己此前所作所为的"可怖"。

写在前面的话实在太长了,接下来我要将我的故事作为分析的材料交给您。在这第十封信中,我想用自己的方式提出这些问题:人何时会追求人生的意义,何时会发现命运?人是如何在接受命运的同时拒绝碌碌无为,满怀信心地生活下去的?在那样的命运中,当遭遇不知何时到来的邂逅、死亡与丧失的偶然时,人又该如何向前走?

但是,这已经是我的极限。

上述问题正是您哲学研究的核心,因此请允许我把笔交给王牌。我的故事正位于您"突然感到不舒服"的轨迹之中,是为此准备妥当的分析材料。

不过,这并不是单纯的放弃,而是来自经常察言观色,并将故事转换成文本的人类学研究者充满信赖与敬意的挑战。擅长在极为抽象的情境下展开论述的哲学家会如何分析处于现在进行时的故事呢?如果用哲学家的职责之类自我陶醉的话来说,那么人类学家也背负着同样的东西,在"尽管"中描绘线条,保持前行。请您用您的语言彻底分析现象的本质,把哲学家的"恶行"尽情释放出来。当一位哲学家在疼痛中寻找应对死亡的语言,遥想疼痛的彼岸和遥远的未来时,便会有独特的风景在眼前展开,请您带我们去看那样的风景。您是一位在偶然中穿越人生的哲学家，请为我们充分展示您的生存姿态与实力。

当阐明一切的拂晓来临，为了看到这些话语如何传向世界，让我们携手继续前行吧。

自从您开始突然感到不舒服，我在心中一遍又一遍呼喊着同样的话语。"那家伙可不会简简单单就死掉哦！"——这也是对我自己的劝慰。因此，也请让我用这句话来结尾。

请写下只有您才能写出的话语，并注视着它们传递给全世界。在这之前，您可绝对不能死啊。

谨向给我带来无法替代的邂逅与不能自已的惊异的哲学家宫野真生子，致以无以言表的谢意。

人类学研究者矶野真穗

2019年6月27日

总在计算得失,有些地方是无法到达的。

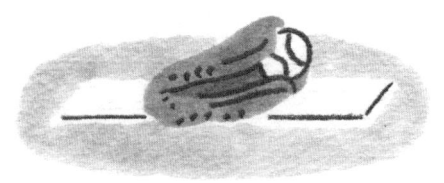

致灵魂的人类学家矶野真穗女士：

对您来说，最近这两个月真是手足无措啊。

我将您卷入现状，当然深感自己责任重大，也不可能说什么"应该去享受偶然带来的不确定性"。我从未想过事态会如此发展（当然也无法预测），但又觉得自己怎么都像是将您卷入现状的犯人。或许我一直都在屏息凝神，等待着，计算着，直到这个时刻、这个世界偶然降临。

我确实不愿被他人的故事裹挟，也不喜欢将他人卷入我的故事中，那会让我非常恐惧。但是，我只是拒绝"单方面地"被裹挟或被卷入。当我与他人相遇，我认为最重要的就是双方将从这样的相遇中创造出怎样的故事，各自将会描绘出怎样的线条。我强烈地期待看到这样的过程。

我之所以这么说，是因为当这样的线条将我们相连，便能获得生活下去的力量。在我与您相遇后，尤其是最近一个月，当死亡的脚步声越发清晰时，我对这一点有了更加深刻的理解。

您曾追问"宫野对我来说是什么人"，为了在邂逅与丧失同时急速到来的"破天荒"中继续生存，您回到自己出生的地点，想办法接受这不明所以的现实。彼时，我其实正在软弱不堪的欲望中随波逐流。我想抛开自己。

说得更单纯些，"我想成为彻底绝望，迈向死亡的癌症患者""我只想受到照顾""我觉得一切已经无可挽回了"。也就是说，我曾想百分百放弃自己，成为患者，把自己囚禁在痛苦的循环中。

毕竟那样才更轻松啊。

在压倒性的非对称状态中，如果我成为只能接受照顾的弱者，大家应该都会对我温柔以待。只能接受照顾的弱者就算把自己囚禁在痛苦的循环中，借着周围人的温柔任性妄为，只要周围都是健康的强者，那么多少会获得宽容。这里存在"照顾者—被照顾者"的固定模式，只要按照说明书行事，就能正常度日。不过，那种关系中不存在任何幸福。"照顾—被照顾者"几乎是一种单向关系，彼此被点与点的连接器固定，动弹不得，只能在物理的时间中流向终点。名为死亡的未来凝滞不动，一旦目光被其过度吸引，便会忘记本应存在于时间中的动态与新生，仿佛真的死了一样（明明还没有死）。自己与他者在编织关系的过程中产生的时间"厚度"在这里是不存在的。

您将时间的"厚度"视为残留在线条中的足迹的深度，还说所谓时间应该是物理的时间与足迹深度的"结合"。我赞同您的观点。此时最重要的"结合"并不是以既定形态如固定点般与对方发生关联，而是与对方摸索相处，一边"结合"，一边保持"动态"的一种"行为"。

当然，能够发出那种"行为"的只有"我"。但是，我并不是静态的点，而是动态的"我"。在非对称的点与点的关系中，"结合"的动态关系是不可能出现的。毕竟，一个只想受到照顾的、自我囚禁的人，已经放弃了动态的"我"。

然而最近一个月来，每当我感到痛苦，想放弃动态的我，想向周围人示弱时，我此前留下足迹的世界与遇到过的人就会出来阻止我。最珍贵的，莫过于矶野真穗和我一起"刻下足迹，生活下去"的过程中诞生的那些话语——正是它们把我拉回了这个世界。

一切为何会在这个时间点上运转起来，可以说有很多原因。晶文社的编辑正为了本书的出版而奔走，上周乱七八糟的活动也产生了新的动向，连我的博士论文和其他书的出版事项也提上了日程。与此同时，因为我正在休养，学生们自己安排了上课计划，也已经开始行动。

当然，这些人并不知道我的详细情况。只是我此前为了留下"足迹"而向诸位一点点施加的动态开始与未来相连，不知为何突然在这个时间点同时发生。略带骄傲地说，这应该是我一直以来

"与途中相遇的人真诚相对，共同刻下前行足迹"之后得到的些许奖励。

没错，世界就是这样时时刻刻都充满了新的开始。当我们在单向流动的时间中成为固定的"点"，进而计算风险，规划合理的人生，试图将自己与他者的关系模式化时，或者躲在只有自己存在的故事中，将一切委托于他者时，我们或许不会意识到自己生活的世界原来是这样一个地方。只有与他人相遇并保持动态，只有接受这份相遇，自我的存在才能成立。

如果是您，应该会将这种接受视作"描绘线条"，或将其表述为"刻下足迹"吧。接受偶然性并生活下去，我一直以来之所以从哲学角度追问并论述这个问题，正是因为我想传达：在偶然中描绘线条与刻下足迹的自己有多么重要。

那里存在着一个"被打开"的自我，接受相遇，并带着描绘线条的愿望迈向世界。事物的开端来到眼前，而我将这个开端刻成"足迹"，找回自我，接受它并生活下去。存在于连绵不绝的关联中，就相当于"描绘线条"。世界就像意义之网一样生生不息。

那么，在生活的意义之网中、被偶然的邂逅"打开"的自己到底是什么呢？手握解谜钥匙的是您在上一封信中提出的"灵魂的共享"。在这封信的开头，我曾说自己怎么都像是将您卷入现状的犯人，现在我再次深感如此。果然您一直在等，等待有人来分享名为矶野真穗的灵魂。

对于做哲学研究的我来说，"灵魂的共享"一词让我深感震惊。

在此前的研究者生涯中，我从未想象过自己会使用"灵魂"一词。但实际上，我研究多年的九鬼周造从年轻时起就在论述灵魂的分享与轮回。

这样转换话题可能有些突然。九鬼认为，在所谓的神话层面，人的灵魂存在于轮回的时间里。人也许曾经遇到过眼前正遇见的人，这体现出相遇的不可思议。具体来说，就像从既视感中体验到的一样，即出现了"咦，为什么会知道这件事？"的感觉，曾经在遥远的过去见过的人再次出现在面前。年轻时的九鬼就是这样以灵魂的共享与轮回来解释此类神秘印象的。此前，我一直认为这是他稍显怪异的形而上的侧面，并未加以重视。但是，事实显然不是如此。当九鬼将"偶然性"的概念替换为"根源上的社会性"时，他试图关注的正是"灵魂的共享"这种"命运"。经过20年的研究，我终于明白了这一点。

前面的话写得太长了，但我还是希望重读您的提问，用我的哲学专业能力来给出答案。

人何时会追求人生的意义，何时会发现命运？人是如何在接受命运的同时拒绝碌碌无为，满怀信心地生活下去的？在那样的命运中，当遭遇不知何时到来的邂逅、死亡与丧失的偶然时，人又该如何向前走？

对此，您给出了如下回答，将球投向了我。

如果真有所谓的命运存在，我想那大概是：一边直面生活中的种种不可知，一边抵抗着沦为连接器，同时与途中相遇的人真诚相对、共同刻下前行足迹的勇气。当人在这个过程中赋予命运的意义并非出于功利算计，而是如同栽种山樱的人们那般将它刻在通向遥远未来的线条中时，便足以被称为"意义之网"。

九鬼周造是写出《偶然性问题》的哲学家，他最后到达的正是"命运"的问题。

我们的人生充满偶然，甚至可以说原本只有偶然。只不过我们会一个劲儿地生活下去，并不会给每一个小小的偶然赋予特别的意义（比如，今天吃巧克力面包还是果酱面包都没什么特别的理由，只是因为它就在眼前，这类事情无须在意）。但是，当我们必须做出重大决定或直面个人无法解决的重要事件（比如，疾病、灾难、恋爱、怀孕等）时，人生中的偶然就会变成无计可施的茫然。不过，我们必须接受这些偶然并生活下去。每到这种时候，我们就会察觉到自行做出决定有多么艰难。

"决定"究竟是什么呢？是在若干选项中选择一项并接受吗？一般人都会认为，那是"你决定的"事，是你自己的责任，所以请独自背负，责任的所在之处就是"自己"。当人们说出"因为那是你决定的事"时，就意味着"你决定的"事应该由你自己负责。这里的"自己"着实是一个执行力极强的强大存在。从一开始,人们便设想出了一个接受偶然性的坚实的自己。可是,我们天生就能如此强大吗?

我想重新思考:所谓"决定",或者"决定"之前的"选择",到底是什么呢?

为了做出选择,我们需要选项,且必须处于尚未决定,即不确定的状态中,这是理所当然的。也就是说,选择就是对不确定性与偶然性的容许。接下来便是选什么、怎么选和做决定的问题。人们也许会拼命计算风险,由此选择看起来能够通向成功的道路,或者因为害怕失败而避开将会带来巨大变化的选项。但是,无论怎么选,人们都无法知晓结果。只要出现"选择",不确定性就会伴随始终。

到头来,我们无法将不期而至的偶然,当作已然成型的"既定事实"来加以选择。那么,我们能选择什么呢?不确定性就在眼前,自己能接受怎样的人生,能容忍怎样的自己呢?我只能如此发问,并做出选择。这样一来,当我做出选择时,自我的存在是无法确定的,而是要依靠选择来寻找自我。所谓选择,不是"你决定的事",而是在"选择与决定"后生成的"自我"。

简而言之,选择是一种允许偶然性存在的行为,在选择中决定的不是事情本身,而是如何应对这些包含不确定性/偶然性的事情。因为是这样的人,所以做出那样的选择——其实并非如此,而是:因为做出了那样的选择,才发现自己是这样的人。正是因为接受了偶然，才可能发现自我。

所以，九鬼提出："直面一览无余的偶然性，热情交付自我的无力的超力，就是命运的场所。"也就是说，名为偶然的自我被卷入无能为力（无力）之中，在应对偶然中发现自我，与偶然共生（超力）。

不过，请不要对"无力"一词感到困惑，这不是单纯的举手投降。他同时强调了与偶然共生的强大力量（超力），且必然与另一种强大力量，即"热情的自觉"时刻相伴。

那么，这种热情的自觉和强大力量到底是什么呢？正是您笔下的"一边抵抗着沦为连接器，同时与途中相遇的人真诚相对、共同刻下前行足迹的勇气"。

在《偶然性问题》的结论中，九鬼认为与偶然共生就是"相遇"，而相遇是"通过揭示随处可见的主体间性来构成根源上的社会性"。

这里的"相遇"是指什么？相遇的对象又是谁？要想"相遇"，必须存在我和你这两个不同的人。但是，无论是我还是你，都因为偶然的相遇发生了改变。正如前文的说明，接受偶然时，我们便会发现自我的存在，自我会由此生成。通过遇到他人，我们生成了自己。说到自我，脑海中便会浮现出已经完成的存在。但是，如此被选择、被发现进而生成的自我，是无法一个人完成的。相遇的自我与他者之间并不存在已经完成的自我。

您在这两个月遇到了什么呢？自然是宫野真生子这个莫名其妙的癌症病人。而且，这个人还把您带到了死亡这个最高级别的偶然（或者也可以说是厄运）面前。

但是，您完全可能不遇到我，也可以不去接受这份偶然。无论在什么情况下，您都应该能说出"到此为止吧"。毕竟我的身体状况如此，放弃的借口要多少有多少。您写的虽然是"'尽管'还是发生了"，但事实并非如此。能说出"尽管"，就意味着其中潜藏着别的可能性，甚至有可能什么事都没有发生。明明存在那么多"尽管"，却全部以相反的面貌呈现，这让我欣喜异常。

但是，这些反转之所以会出现，是拜您接受我们的相遇并发挥了"共同刻下前行足迹"的勇气所赐。同时，这也是我没有放弃自己，努力与您坦诚相对带来的结果。我们在与对方相遇的同时重新认识了自己。正如您所说，您直到最近才知道这种结成关系的场所原本就存在于您的心中，而我此前也不知道自己竟然会那么贪婪地寻求应对死亡的语言。

我们为什么能走到这一步？难道是因为我们共享了灵魂？让我们再想想看。这两个月里，我们是不是没有断绝关系的时机？回头看看我自己，好像确实如此。不如说就像一开始所写，我一直都在等待与矶野真穗相遇的时机。

当偶然成为必然，进而转化为命运，另一个重要因素就是时机。正如人们所说，"timing"这个词很难翻译（不知道为什么，日本人似乎很喜欢这个词）。如果只有"time"，那么简单表现为物理上流动的时间就好，但人们却加了个"ing"，使之成为动名词，用来表现生成时间的动态。当自己顺利与时间相遇时，我们就会说抓住了时机、赶上了时机或时机正好。精神医学家木村敏在《偶然性的精神病理》一书中这样说明道：

> 时间除了可以被理解为"time"这一客观化的（真实的）"对象"之外，还经常会出现新的变化……为了表现作为"事情""事件"或"现实性"的时间，"timing"这个动名词被广泛使用。

上面这段话就是对"生成的时间"的细腻感知。我们在时机中感受时间的发生。就像所谓"赶上了时机"一样，我们抓住了时间的发生，只不过这种发生并不是自然而然的。感受到时间的生成，才有了现在的我们。

没错，是"我们"。

矶野真穗与宫野真生子偶然相遇，当双方抓住了时机，不可能的事情开始接连发生。很可能不会出现的偶然并非自然生成，而是正因为我们看清了偶然的时机，乘势而上，抓住了时间的发生，才会产生现在的结果。抓住时机，一路前行，将其充分呈现，才是位于浅浅流淌而过的时间背后，时间"厚度"的真实面目。

我感到自己终于明白了九鬼在《偶然性问题》的结论中那些谜

真的，突然感到不舒服　175

样的话语到底是什么意思。他是这样说的:"我们注定会像落入自我的深渊般邂逅偶然。"偶然不会自然而然地出现。偶然之所以能生成,并非仅仅源于自然发生,更源于我们存在其中,源于我们各自心怀呈现偶然的勇气,心怀将偶然视为必然的觉悟。于是,原本不可能出现的偶然出现了。我们各自的勇气与觉悟让我们"邂逅/遇见"了偶然。

这里不是我们某一方的私人领地,而是彼此发现全新自我的地方。正因如此,九鬼将接受偶然性称为"无数部分与部分之间关系上的自觉"。

我们生活的时间里充满了这种本源的相遇。但是为此,我们需要"描绘线条"的觉悟,需要"一边抵抗着沦为连接器,同时与途中相遇的人真诚相对、共同刻下前行足迹"的勇气。不过,只要能心怀勇气呈现偶然,便能在充满相遇的世界里织出自己的"意义之网"。

这是多么美妙的事啊。所谓与命运共生,是指潜入这样的世界,在与形形色色的偶然相遇的过程中发现自我,发现全新的"开端"即将生成。

世界是那么美好。面对全新的"开端",我的心中不禁生出了爱怜之情。我爱着这个世界,这里以偶然与命运为媒介,到处都是与他者共生的开始。这就是我如今得到的结论。

矶野真穗女士,您讲述的故事绝不仅仅属于您一个人。在我看来,故事中有您刻下足迹的觉悟,更有您对相遇之人张开双臂的爱与热忱。真心感谢您,一直陪我思考至今。

哲学研究者宫野真生子

2019 年 7 月 1 日

《突然感到不舒服》的背后故事

感谢诸位阅读宫野真生子和矶野真穗的十次书信往来。作为终篇的替代，请允许我从五个角度来讲述这些书信的背后故事。

第一，读到这里的诸位应该会觉得我们的关系十分深厚，往来的书信中不时飘荡着悲壮感，绝非三言两语就能阐明。当然，事实确实存在这样的一面。

但是回头再看，我们的交谈中尽是些没什么内涵的东西，例如，宫野女士尝试自制肯德基炸鸡啊，我在健身房白费工夫筋疲力尽啊，有时还会涉及别人的事，总是充满欢声笑语。在宫野女士的身体恶化后，这样的情况也在持续，我在最后一封信中展开讨论的灵魂与命运的故事自然也包含其中。

我并没有把这个故事闷在心里，而是把它叫作"宫野妹妹的疑惑"，不时与妹妹和伴侣谈起。结果妹妹语气轻快地开心说道："又有了一个姐姐，真让人踏实。"随后便给宫野女士发去了非常随意的信息："宫野姐姐，请想办法加油啊。"

与此同时，随着时间流逝，我的伴侣越发相信宫野女士就是我的妹妹。听说宫野女士因药物带来的味觉变化更容易接受甜面包，伴侣就在深夜编辑发送了"美味甜面包与美味饮品列表"，认真的宫野女士则在第二天照单制作。如此温暖的时间在我们之间流淌，大多数时候都是如此。

当然，诸位读到的话语并无虚假，只是我们之间实际的交谈比信中更加多元，信中的话语正是在多元性的支撑下生成的。与病情恶化的人相处，关系越是深厚，就越容易感受到沉重的痛苦。但是，病情恶化之人的日常并不是只有生病这件事，也会受到其他事情的影响。随着病情逐渐加重，这片空间或许会越来越小，但病人和健康人会努力保住彼此之间的这片天地，而生活在偶然的相遇之中的意义便在于此。这是我的感受。

第二，为什么选择了我？除了因工作关系必须交代的同事，宫野女士只对七个人详细讲述了自己的病情。面对其他人时，宫野女士总是轻飘飘地几句带过，怎么听都不算严重，因此我始终没有找到她对我讲述病情的理由。我原以为她会在书信中告诉我，可是十封信都写完了，她依然没有谈及，我不得不直接去问她。

结果宫野女士回答道："唔，我有种'就是这个人'的感觉，觉得可以聊聊看，应该能得到很好的回应。"也就是说，这只是她的直觉。而且这种感觉好像从去年9月我们第一次见面时就有，我应该就是宫野女士豪赌的对象。从那以来，我就像好不容易才被稀里糊涂的观众下注的、人气排名第十六位的马（虽然我不赌马）。

话虽如此，宫野女士并没有像雪崩那样突然展现出自己的一切。她的展现是阶段性的，而且今年二月见面时，聊起这个话题的不是她，而是我问道："宫野女士，您最近身体怎么样？"彼时，我或许已经身处她的剧场之中了。真是可怕之人啊，宫野真生子。

第三，我为什么没有逃走？看到宫野女士写出"您选择逃走也是可以的"，我"第一次"察觉到还有这个选项。在第十封信中，宫野女士也表示她的身体状况正在逐渐恶化。生活在这样的人身边，说实话并不轻松。因此我也可以使用"大人的社交辞令"来逃避。

但是，我为什么没有那么做？这里并没有什么重要理由。"这个人描绘出了多么美妙的风景啊，未来她又会画出些什么呢？"如果硬要用轻巧的话语来说明，那么对宫野真生子笔下世界的兴趣与关注是我坚持书信往来的原动力。在宫野女士本人指出之前，我之所以一直没有意识到还有"逃走"这一选项，恐怕也是这个原因。

宫野女士已于2019年9月出版基于自己博士论文的著作《相遇的间隙》。正如"间隙"一词所提示的，宫野女士从哲学家角度关注的现象都是如朝霞和夕阳般转瞬即逝的风景。在不抹除动态的基础上，将伴随着无常的动态现象转化为文章，这样的工作并不容易。但是,她的文章做到了这一点,而我正是被这一点深深吸引。

我只有一次想到了放弃。那是 6 月中旬,宫野女士情况恶化,只能通过大量服用吗啡来减轻疼痛,她那时已然意识模糊。然而神奇的是,就在此时,晶文社决定出版我们的书信。我一时间纠结不已,不知继续书信往来是否会太过自私。

但是听我问道"还能写吗?",宫野女士豪爽痛快地只用一句话就回应了我:"你可别小看我啊,矶野真穗。"随后,我们进行了第九次通信、第十次通信,一直到现在。我在前文说过,信中所展现的只不过我们对话的一个侧面,上述片段也是此前没有提及的另一个侧面。

不过另一方面,也有我拼命想要逃离的故事,那就是,"宫野女士这样的人"应该会变成什么样的医学故事。我的专业是医学人类学,且在医学相关的大学工作,即使不想听,也会时常接触到"像她这样的人"将会面临的未来。当患者不在面前时,医学故事失去了名为"体贴"的糖衣,用词会变得更加尖锐,这类故事的说服力和简便性多次将我拖入其中。我这么说并不是在对此批判,正是从这种冷静和用词中生出的判断与应对,拯救了包括宫野女士在内的诸多生命。

在这类故事的未来中,宫野女士拼上性命,尽管有时会陷入诱惑,但她仍然抵抗、反转,继续前行。因此,我也不能被"宫野女士这样的人"的故事绊住脚步。不过,我还是对所谓无效医疗有所了解的，因此也不能把这类故事当作戏言一笑了之。医学上的预测毕竟具有相当高的准确率。

结果，我身上发生了什么事呢？连我自己都感到惊讶万分，我竟然无法再乘坐公共交通工具了。一旦乘坐公共交通工具，以最快的速度沿着合理路线移动，我就有种被"宫野女士这样的人"的医学故事吞噬的感觉。宫野女士逐渐因为疾病无法动弹，而我开始依靠自己的双脚迈向目的地。

因此，这里存在两种竭尽全力的逃离。一是逃离身体中难以抵抗的死亡，二是逃离那些将人分门别类进行预测的话语。后者自然没有前者那么严重，但是这两种逃离都不是消极的。时间越是流逝，必然性就越是明显。而逃离正是要对抗这种预测，并努力创造出另外一种开端——尽管还不知道未来如何。为了继续冒险，这样的逃离同时也是斗争，是不可避免的。

第四，关于现在的宫野真生子。令人遗憾的是，宫野女士的情况仍在持续恶化。7月7日清晨，宫野女士因为感染症状被紧急送医，直接住进ICU。七夕当天病情突然恶化，这一点非常符合她爱凑热闹的风格。目前她已转入普通病房，情况仍然不容乐观，但已可以随时探望。

不过，宫野真生子可不是轻易就认输的人。其实直到前一天，也就是7月6日，她才刚刚完成大学的期末考试出题工作，并在那天上午写完了这部书的前言，完成了她所负责的全部工作。也就是说，她是在完成最低限度的任务后被送去医院的。6日那天，她似乎已经受到了剧痛的侵袭，不知道她是怎样在那种情况下完成工作的，但她总能漂漂亮亮地尽责到底。

然而，这样的她这回也进了ICU。医生在深更半夜征求她的意见，询问是否同意使用心脏按压等抢救措施，毕竟她的血压曾降到40，一度徘徊在生死边缘。后来我问她血压40的感受，她回答道："要是昏过去就完了，所以我一直努力醒着。"怪人宫野仍然健在。

在怪人发言的同时，宫野女士也谈到在6日那天，她曾打算干干脆脆放下即将达成目标的未来，这让我颇感意外。从那天的状况看，放弃似乎是理所当然的，但第一次听到她如此简单地说出放弃，我不禁开始想象这次的体验对她造成了多大的冲击，如今又是什么东西在推动着她。可是，我仍然在期待从感染症状中康复的她说出："那时我糊涂了，应该还能再坚持一下。"病情开始恶化后，她也总是能将未来逆转。

第五，致哲学家宫野真生子。

今天是我和您相遇的第297天。与前天一样，我来到病房看您，因为医生说"请叫重要的人过来"。即便在这种状况下，以前的我也会抛出一句"别放弃，还能行"，但现在我已经说不出来了，因为我深知您付出了巨大的努力才走到今天。

虽然没有说出口，但是在不断努力的日子里，您应该曾经害怕第二天再也醒不过来，曾经被无法想象的疼痛与呼吸困难侵袭，曾经一次又一次想要放弃一切。然而您仍一路走来，一边注视着邂逅的约定，一边脚踏实地留下足迹。可是现在，您正处于比那时更加险恶的情况中，感觉自己筋疲力尽也是理所当然的。您真的、真的，已经非常努力了。

因此，如果今后的线条将由我一个人完成，我会把它看作命运的安排。我已经做好心理准备，背负着您的灵魂稳步向前。如果您希望看到我们的话语传向世界，那么今后我无论听到多么理所当然的"像宫野一样的故事"，我都会全力反驳："那不是宫野的故事，她的故事还远远没有结束。"作为约定的一方，为了将您留在"生"的世界里，我会全力把您从"死"的世界拉回来。在您的周围，还有许多像我一样不断为您抗争的人。全力爱着您的人都在与您共同战斗。

我们的故事始于您在 2018 年 9 月的些许直觉。那次相遇创造出一个又一个小小的开端，而这些开端描绘出的线条在我们相遇整整一年后汇聚成了书，凝成了未曾想象过的未来。

宫野，今后要怎么做？

未来走向何方，还请身为王牌的您来决定。

矶野真穗

2019 年 7 月 9 日

致　谢

如果没有遇到以下三位，就没有这些书信的汇编和这本书。

首先是独立学者逆卷茵先生。您的"文艺共和国会议"是我们相遇的契机，您一直在创造愉快的、让人为所未闻的场所。

其次是林利香女士，没有您的提议，就没有与这些书信相关的"身体的学问"系列活动。

还有晶文社的江坂祐辅先生。明知其中一位作者可能会在写作途中去世，您仍然接受了这一无法预见结果的、收益上充满风险的出版计划，信任我们，并全力为我们开辟通往出版的道路。

如果没有这三位的存在，这些书信就绝不会问世成形。我们从心底表示感谢。

宫野真生子、矶野真穗

后　记

7月9日晚上6点多,我带着宫野女士尚未过目的最后一篇书信与《致谢》,来到了余晖斜照的病房。这时的她别说打字了,就连阅读都变得非常困难。但是,她还是戴上我在以前的视频通话里见过的红框眼镜,从头到尾读了一遍。

阅读完毕,她竖起大拇指,随后握住我伸过去的手,用沙哑却坚定的声音说道:"这就是'意义之网'。我可不会输的。"于是我回答:"我明白了,让我们实现约定吧。"

在第七次书信往来后,我们围绕"约定"谈了很多。

与未达成时伴随惩罚的"契约"不同,"约定"是由人与人之间的信赖支撑起的希望和祈愿。

最后一次与宫野女士说话是7月21日晚上8点半。"没有比宫野更危险的人了,但也没有比宫野更应该活着的人了。"看到我说着说着号啕大哭,她教育我道:"我还活着呢,没关系,别慌慌张张的。"但是随后又喃喃道:"被拉回来了。"

怎么会没关系呢。

她的嘴边总是挂着"没关系""还能行",努力想要实现约定。

7月22日,我接受了她母亲的委托,查看她的电脑里有没有重要资料。第一眼进入我的视线的,是一直没有关闭的书信文件夹。她最后阅读的,是关于书信的文件。

打开文件的时间是7月6日下午4点56分,她被紧急送医当天。

在冷冰冰的机器中,这大概是唯一一次能够感受到生命能有多么顽强的机会了。

第二天,我来到了她位于和歌山的老家。我们原本相约一同住在她长大的房间里校对书稿。我们只见过五面,原本能在这里第一次不用顾及时间地交谈。这是我们期待已久的约定。

因此,我从未想过会丢下在别的地方无法动弹的她,独自一人进入她的房间。

两天后,仿佛与她擦肩而过一般,新的季节到来了。从和歌山返回的路上,高速公路的前方层层叠叠飘浮着轮廓鲜明的云朵,天空逐渐一片橙黄。与哲学家宫野真生子并肩实现约定的日子,以及这片天空的色彩,大概会成为今后每次夏日来临时的回忆。

第八次书信往来后,我们结下了许多约定。

"好期待啊,未来真让人跃跃欲试。"
"是啊,真让人跃跃欲试。"

"让我们去赢一把!"
"没错,什么都要赢。"

"会是个美好的夏天呢。"
"是最好的夏天。"

参考书目

矶野真穗，《为何不能正常吃——厌食与暴食的文化人类学》，春秋社，2015年

木村敏，《偶然性的精神病理》，岩波现代文库，2000年

九鬼周造，《"粹"的构造》，岩波文库，1979年

九鬼周造，《偶然性问题》，岩波文库，2012年

河野真太郎，《战斗的公主，工作的少女》，堀之内出版，2017年

波平惠美子，《生命的文化人类学》，新潮选书，1996年

三木清，《人生论笔记》，青空文库，2014年

宫野真生子，《我们为什么会恋爱——"相遇"与"恋爱"的近代日本精神史》，中西屋出版，2014年

和辻哲郎，《伦理学》（一至四卷），岩波文库，2007年

蒂姆·英戈尔德,《线的文化史》,工藤晋 译,左右社,2014 年

E.E. 埃文思 – 普里查德,《阿赞德人的巫术、神谕和魔法》,向井元子 译,美铃书房,2001 年

克利福德·格尔茨,《文化解释学》,吉田祯吾 等译,岩波现代选书,1987 年(原著:Geertz, C. 1973. The Interpretation of Cultures. Basic Books.)

凯博文,《临床人类学——文化中的病人与治疗者》,大桥英寿 等译,弘文堂,1992 年

巴尼·格拉泽、安塞尔姆·施特劳斯,《"死亡的意识理论"与看护——死亡认知与临终关怀》,木下康仁 译,医学书院,1988 年

哈维·萨克斯,《对话分析基本论集——顺序交替与修复的组织》,西阪仰 译,世界思想社,2010 年

苏珊·桑塔格,《疾病的隐喻》,富山太佳夫 译,美铃书房,1982 年

马丁·海德格尔,《存在与时间》(上)(下),细谷贞雄 译,筑摩学艺文库,1994 年

Boholm, Asa. 2003. "The cultural nature of risk: Can there be an anthropology of uncertainly?" *Ethnos* 68 (2) : 159–178

Douglas, Mary, and Aaron B. Wildavsky. 1982. *Risk and culture: An essay on the selection of technological and environmental dangers*. University of California Press.

说明：

宫野真生子女士引用的文献中有一部分存在许多不同版本。宫野女士参照的不仅限于日文版本，还包括相关作者的全集和外语原版。此处参考文献与宫野女士本人引用的未必一致，主要是为了方便本书读者查阅而列出。此外，在查证宫野女士所引文献时，南山大学的奥田太郎先生和九州产业大学的藤田尚志先生提供了巨大的帮助，在此深表感谢。